Tempo de se amar

Mulheres reais e suas histórias de superação por meio do **autoconhecimento**

EDITORA CHAVE MESTRA®

EDITORA
CHAVE MESTRA®

Av. Marcos Penteado de Ulhôa Rodrigues, 1119 – Tamboré, Alphaville - SP,
Ed. Office Shopping Tamboré – Andar 21 – Sala Chave Mestra
CEP: 06460-040
@editorachavemestra
editora@editorachavemestra.com.br
Acesse: www.editorachavemestra.com.br

Título original em português:
Tempo de se amar: mulheres reais e suas histórias de superação por meio do autoconhecimento

Direção editorial: Raquel Medeiros
Coordenadora editorial: Bartira Costa Neves
Assistente editorial: Eloiza Andrade e Larissa Robbi Ribeiro
Revisão: Gabriela Macedo e Híllona Anjos
Diagramação: Daniel Marchesani e Thais Moreno
***Branding* de capa:** Izzo Medeiros
Projeto gráfico: Daniel Marchesani e Thais Moreno

O conteúdo desta obra é de total responsabilidade dos autores e não reflete necessariamente a opinião da editora.

Dados Internacionais de Catalogação na Publicação (CIP)

Vale, Rogério (Organizador)
V149 Tempo de se amar: mulheres reais e suas histórias de superação por meio do autoconhecimento / Rogério Vale (Org) – Barueri, SP: Chave Mestra Editora, 2024. 240 p.: 16 x 23 cm

ISBN 978-65-5496-024-3

1. Desenvolvimento pessoal 2. Espiritualidade 3. Vida Cristã 4. Prosperidade. 5. Inteligência espiritual 6. Fé I. Título.

CDD 158.1

Tempo de se amar

Mulheres reais e suas histórias de superação
por meio do **autoconhecimento**

Sumário

Prefácio

Quando idealizei este projeto, o meu maior objetivo era oferecer a outras mulheres a oportunidade de se tornarem escritoras e contarem suas histórias e como o autoconhecimento foi importante em seus processos. Na ocasião, fez todo o sentido que essas mulheres fossem do meu convívio.

A possibilidade de proporcionar isso em sua magnitude me empolgou. No entanto, Deus me disse: “Não! Não será bem dessa forma. Será do Meu jeito, e não do seu”.

Processar e ter clareza sobre isso levou um tempo; sofri e quase desisti. Foi quando a editora Chave Mestra me apresentou uma possibilidade de viabilizar o projeto, mantendo-o como o idealizei e, principalmente, com o propósito de apresentar histórias de mulheres reais que tiveram suas vidas transformadas por meio do autoconhecimento, para inspirar, despertar e impulsionar outras mulheres.

Rapidamente, formamos o time com trinta coautoras que assumiram com coragem a responsabilidade de contarem suas histórias. Mulheres extraordinárias, renovadas e em constante transformação compõem esta obra rica de relatos de autoconhecimento, coragem e ação.

Trata-se de uma seleção de histórias criteriosamente selecionadas pelo nosso Criador. E quanto mais conheço cada uma delas mais visível é a certeza de que grandes coisas estão por vir.

Tempo de se amar não é uma obra acabada e não tem ponto-final. É atemporal! Nasce um movimento, uma filosofia e um estilo de vida pelo protagonismo feminino. E ele se manterá enquanto pulsar na alma feminina o entendimento de que somos merecedoras dos nossos sonhos e que não precisamos negociar os nossos valores.

Em 2016, o autoconhecimento entrou na minha vida para ficar, e transcendi. Estava perdida no espaço, com padrões, crenças limitantes e sem significado algum, por mais que já tivesse uma linda história de vida.

Floresci e descobri a missão de conduzir o ser humano, por meio do autoconhecimento, para um outro nível evolutivo. Acredito que esse é o caminho da vida com significado, pois somos a fonte de nós mesmos e onde se encontram todas as respostas, que nos levam a compreender a nossa história, equilibrar os nossos papéis, potencializar nossas capacidades, desenvolver habilidades e se apropriar do nosso propósito para cumprir a o que nos foi confiado. O resultado é a expansão da luz interior, a felicidade e uma passagem que deixará a diferença no mundo.

São mais de seis mil horas de atendimento, milhares de pessoas impactadas, centenas de eventos e de treinamentos realizados. Mas o que me move são as vidas restauradas por meio da consciência, da inteligência emocional e espiritual, da autoconfiança, da autoestima. E tudo isso está ligado ao autoconhecimento.

Essa sou eu: decidi servir com amor e propósito em tudo o que faço.

O nosso inconsciente aprende por metáforas e histórias, então a convido a se permitir viver isso da forma mais profunda e transformar o que existe em você que não tem lhe ajudado.

Estamos todas unidas por único propósito, e no núcleo dele está **você**!

Com amor,

Ana Kekligian

Ana Kekligian

Sou Ana Kekligian, paulistana, tenho 53 anos e sou mãe da Thabata e do Fabrício. Divido minha vida com meu grande amor Wagner.

Sou mentora comportamental, formada em Inteligência Emocional, Master Coach, Master Analista Comportamental e especialista em Produtividade e em Autoestima e Autoconfiança. Também sou idealizadora do projeto Mulheres Absolutas e uma das criadoras do Movimento Mães Iluminadas (MMI) – Movimento de amor às mães atípicas do Brasil.

Vivo o autoconhecimento como filosofia de vida, e minha missão é conduzir o ser humano por meio do autoconhecimento para um outro nível evolutivo. O resultado é a expansão da luz interior, a felicidade e uma passagem que deixará a diferença no mundo.

anakekligian
anak@ebrccoaching.com.br
+55 (11) 94756-5478

I NUNCA SE ESQUEÇA!

Por Ana Kekligian

A alma não suporta... Ela grita... É difícil descrever

Nunca senti algo assim. Enquanto todos estavam em transe, eu relutava para não expor o desconforto e a inquietude constrangedora que sentia. Queria estar em transe também, mas algo sufocava meu peito, tirava o meu ar, o corpo pesava e me remexia na tentativa inútil de controlar o que precisava sair.

Como estava sentada próximo ao instrutor, ele percebeu que algo me afligia e, sem perder o controle das 120 pessoas que colocara em transe, aproximou-se de mim e tocou minha mão. O choque foi instantâneo e seguiu pelo corpo todo. Na mesma hora, ele afastou-se de mim, observou-me, voltou para perto e posicionou sua mão esquerda sobre meu ombro esquerdo e a palma da sua mão direita no meio das minhas costas, pressionando firmemente. Era como se uma prensa de toneladas me atravessasse. A dor era intensa e a sensação, depois de alguns minutos, era de respiro e de consternação. Meu choro daria para despertar a sala mágica; no entanto, todos permaneciam em transe.

Estávamos no primeiro nível da formação em *coaching*, desenvolvendo o tema "perdão". E, não por acaso, desabei. Todos voltaram do transe sem saber o que tinha ocorrido comigo. Era uma experiência profunda, e, justamente eu, que tinha pânico de exposição, "despiroquei". A emoção me desajustou emocionalmente e eu seguia em prantos. Estava angustiada e precisava de ajuda.

Em duplas, o comando agora era para que contássemos um ao outro como foi a experiência e a tomada de consciência sobre o perdão, mas eu mal conseguia falar, e o meu par, sensibilizado, ajudou-me a compreender meus sentimentos. Em meio a soluços, contei que senti uma dor colossal em meu peito e minha mente estava tomada por lembranças da violência física e emocional que sofri no período da infância à adolescência. Era inaceitável acessar novamente tudo aquilo, porque eu acreditava que essa questão estava resolvida, quando anteriormente vivenciei uma constelação familiar. Quando tudo voltou à minha mente, eu não queria aceitar, mas junto a essas lembranças, vieram outras que até então eu desconhecia. A pior delas foi reconhecer que eu não abraçava a minha filha. Eu não tinha nenhum problema em tocar meu filho, mas perceber que eu não tocava a minha filha foi a pior verdade que descobri sobre mim. Cruciante!

Estava com a mente tão desajustada que era impossível tirar conclusões por mim mesma. O meu par *coach* ajudou-me a compreender a culpa que eu carregava por acreditar que rejeitava a minha filha. Sentia a dor da vergonha e repulsa. Ele não mediu esforços para me ajudar a ressignificar a dor. Após contar as violências que sofri, compreendi com desopressão que eu não tocava minha filha para não machucá-la, pois eu via a Aninha (minha criança interior) nela. Um comportamento inconsciente para protegê-la de mim mesma. Voltei a me emocionar muito, mas desta vez me acolhendo e me perdoando.

De volta aos nossos lugares, o instrutor se dirigiu a mim e disse carinhosamente: "Venha aqui, deixe-me te ajudar!". Eu parecia andar para trás e, como se tivesse sido arrastada, fui parar à frente de todos daquela sala. Estava deformada de tanto chorar. Eu me rendi a um turbilhão de emoções! Comecei a narrar minha história de uma forma como nunca tinha feito antes, parecia até que as palavras não eram minhas. Agora, tinha início, meio e fim. Comecei:

— Nasci mulher em uma família de descendência armênia! Meus avós foram refugiados da guerra e presenciaram uma das piores atrocidades da humanidade: o segundo maior genocídio do mundo! Foram resgatados por um milagre e vieram parar no Brasil, sem absolutamente nada e sem falar a língua nativa. A comunidade que se formou era tudo o que tinham.

— Meus avós tiveram seis filhos. Meu pai era o segundo mais velho e o referencial de todos. Tiveram uma criação rígida e perfeccionista. E não é difícil imaginar o porquê.

— A comunidade enaltecia quando nasciam "meninos", por carregarem o sobrenome da família, ao contrário das "meninas", que ao se casarem levariam o nome do esposo (na época). Sentíamos que só os meninos tinham valor. E isso era demonstrado, por exemplo, na diferença que a minha avó paterna fazia entre as netas e os netos. Os casamentos eram quase todos entre os descendentes. Desde muito cedo, as meninas ganhavam peças de enxoval, eram criadas para casar.

— Uma raça cheia de crenças e valores culturais, unida, com a culinária maravilhosa, língua difícil e padrões comportamentais rígidos. Carregando uma história que o mundo não honra. Povo forte, guerreiro, representado pela flor Miosótis, que significa "Nunca se esqueça". Mas minha descendência era um dos meus maiores problemas.

— Além de ser mulher, tinha dificuldade em matemática, e meu pai não admitia. Era uma vergonha para ele: mulher e burra! Claro que não nasci com problemas em matemática, mas era tanta exigência e intolerância, que certamente me bloqueou e minha mente ficou tomada pelo medo de errar.

— Também tive enurese noturna até os 12 anos. Por isso, era exposta e agredida muitas vezes em público de forma abrupta e covarde. No início da adolescência, desenvolvi dermatilomania por puro medo da vida.

Continuei contando a minha história em detalhes naquela imersão, que acessei mais uma dor que até então não identificava: a dor moral! Por ter sido agredida, exposta e ridicularizada diante dos meus irmãos, de parentes, de clientes do meu pai e até mesmo na escola, pois muitas vezes fui obrigada a ir machucada; e por ter sido chamada de burra por, pelo menos, 14 anos de vida. Além disso, vivi uma situação com uma professora de matemática que, diante da classe, afirmou que eu era a vergonha da raça armênia, porque os armênios eram sábios em matemática – foram eles que descobriram a álgebra. Eu realmente me considerava uma vergonha, um peso para a minha família. Eu me sentia desprotegida, rejeitada e não amada o suficiente – a não ser pela minha avó materna, mas dela falarei em outro momento, porque ela merece o protagonismo.

Na sala mágica, eu contava minha história sem medo de ser julgada ou punida. Há quanto tempo eu camuflava tanta dor e tanto vazio! As pessoas estavam em estado de *flow* e emocionadas. O mestre me energizava a todo momento e devia pensar "Jesus, toma conta!", frase que ele sempre expressava nas situações mais sensíveis. Quando eu acabei, senti-me tão amada, tão leve, digna e pertencente àquele grupo! Recebi cento e vinte abraços naquele dia e ganhei o apelido de "mãe", pelo fato de eu ter mencionado que me sentia a pior mãe do mundo por não abraçar a minha filha, que na época já tinha seus 24 anos.

Ao final, fui conduzida de volta à minha mesa e retomei o cronograma do curso. O mestre nos orientou a escrever cartas de perdão, autoperdão e gratidão. Ferramentas extraordinárias de libertação! Avancei no perdão ao meu pai, perdoei-me da forma mais genuína possível e escrevi a mais linda carta de gratidão à minha filha, por ter me escolhido como sua mãe e por ser sempre a pessoa que mais me amava. Contei na carta tudo o que acessei, declarei meu amor incondicional, pedi perdão e agradeci por me ensinar tanto. No final, pedi: "Agora vem me dar o maior abraço do mundo?".

Já em casa e em êxtase por tudo o que vivi durante a imersão daquele módulo, deixei a carta para a minha filha sobre a cama dela. Quando percebi que ela a encontrou, fiquei em meu quarto, apreensiva, aguardando sua reação. Foram os dez minutos mais longos da minha vida e, então, a porta se abriu. Com um olhar vibrante, ela me deu o abraço mais gostoso do mundo. Ficamos nessa ternura por um tempo maravilhoso, sentindo os nossos corações. Ressignificamos a dor que nos distanciava. Quebramos um padrão importante e demos início à nossa jornada de cura, pois, antes, nossa relação era muito difícil. Ela se sentia rejeitada, e eu, culpada.

A gratidão, o perdão e o autoperdão foram essenciais para que outras amarras fossem resolvidas em nossas vidas. Fomos libertadas! Minha filha tinha muitas feridas emocionais e, depois desse momento, a vida dela fluiu. Ela se formou em Psicologia, casou-se e me deu um neto, que é um anjo. Hoje, com 32 anos, é uma mulher linda, digna, sabe o quanto a amo e sinto orgulho do que conquistou e superou. Além de filha, é minha parceira, amiga, minha força e é toda carinhosa com seu filhinho.

E sobre meu pai? Ele faleceu quando minha filha tinha 5 anos. Ambos viveram um tempo precioso. Ela teve o melhor avô do mundo e ele, a melhor neta do mundo. Reconheço hoje que ele fez o melhor que podia, assim como minha mãe. Ele tinha um descontrole emocional, era severo, mas também carinhoso e muito sábio em suas orientações. Reconheço o meu pai em meus valores e princípios.

Foi nessa imersão, durante a formação em *coaching*, que minha história mudou e que decidi seguir como *Coach* da Alma, para multiplicar o que vivi na pele. Através dessa experiência transcendental, entendi que recebi um chamado, encontrei meu propósito e missão de vida. Fui virada do avesso para ser a melhor para todos que se sentam à minha frente.

O autoconhecimento nos apresenta a raiz dos nossos problemas, nos ajuda a ver o que não precisamos carregar, a melhorar nossas relações, resgatar o amor-próprio, a autoestima, a autoconfiança e a viver a vida com significado. E o mais importante de tudo: a entender que somos apenas agentes condutores de um Deus que orquestra tudo dos céus. Tenho orgulho de quem me tornei e gratidão absoluta por todos aqueles que confiam suas vidas a mim.

Somos seres em evolução, e eu realmente não conheço nenhuma forma de crescermos sem acreditarmos que fazemos parte de algo muito maior, e isso exige autoconhecimento e fé. Quando decidimos viver de forma espiritual, ninguém tira isso de nós, nem mesmo nós.

Encerro meu capítulo convidando você a escrever cartas de amor, gratidão, perdão, autoperdão, permissão, como escrita terapêutica.

Dedico este capítulo com todo o meu amor a Deus Pai, ao mestre José Roberto Marques, aos meus pais Hagop Kekligian e Luzia Aparecida Kekligian e à minha tão amada filha Thabata Kekligian Oliveira.

"Desenvolver a inteligência espiritual é transformar o conhecimento sobre si e sobre o mundo em discernimento e sabedoria."

ANA KEKLIGIAN

Fonte: Fotógrafo Jorge Marciano.

Ana Martins

Sou Ana Martins, nasci no Porto, em Portugal, mas vivo em Vila Real. Sou casada e tenho dois filhos.

Fui professora de ballet durante onze anos, uma experiência que me permitiu entrar em contato com centenas de crianças, jovens e adultos, e ajudá-los a se desenvolverem como um todo através da dança. Em 2023, assumi o meu propósito como mentora de desenvolvimento humano, especializada em Eneagrama e Eneaterapia® e Xamanismo, e fundei o movimento de consciência Unbinding Souls.

Durante muito tempo acreditei que a felicidade de uma família não era para mim. O autoconhecimento permitiu que eu me libertasse, a minha consciência cresceu e a minha vida cresceu com ela. Assim, criei um espaço onde você pode se libertar também.

anamartins.us
unbindingsouls.pt
linktr.ee/unbindingsouls
+351 962 205 934

2 POR AMOR, RENDO-ME A QUEM SOU

Por Ana Martins

Estava sozinha no meu quarto, sentada à pequena mesa virada para a janela. Estava cansada, especialmente cansada de estar sozinha com os meus pensamentos. Deitava na cama desejando não acordar; acordava triste por ter aberto os olhos... Precisava de ajuda. Peguei uma caneta e comecei a escrever. As lágrimas escorriam pelo meu rosto, manchando a folha. A carta era a minha última linha de vida.

Pensei que a minha mãe poderia me ajudar, assim que lesse a minha carta e soubesse que eu não queria mais viver. No dia seguinte, de manhã cedo, coloquei a carta na carteira dela, deixando um pedaço de fora para ter certeza de que ela veria, e escondi-me atrás da porta do corredor. Observei-a aproximar-se pela fresta da porta, ler a carta, colocá-la na carteira e sair para trabalhar. Silêncio...

Um dia se passou e o silêncio da minha mãe continuou. Eu estava de novo no meu quarto, em frente à mesa, mas desta vez de pé. As minhas mãos tremiam, queria que sentissem o mesmo desespero, a mesma raiva que eu estava a sentir quando me encontrassem ali no chão. As minhas mãos tremiam, não queria ver; respirei fundo, não queria ver; fechei os olhos... Cavalos, vi cavalos a correr livremente em uma pradaria... A tesoura caiu ao chão, seguida pelos meus joelhos.

Não sei quanto tempo fiquei ali a chorar, desesperada, até não restar um sentimento em mim. Sei que, naquele momento, prometi a mim mesma que ia sair dali, ia ser melhor que a violência que estava a viver e concretizar os meus sonhos. Eu tinha 12 anos, quando vivi este momento de maior falta de amor-próprio até hoje, quando prometi que ia sair dele, quando liguei o modo de sobrevivência, cancelei todo e qualquer sentimento vulnerável ou amoroso, com medo de voltar a cair no desespero.

O mundo tornou-se o meu tabuleiro de xadrez; as pessoas, os peões; e eu, a rainha, que nada poupava para se libertar. A falta de amor deixou-me vazia, incapaz de me aproximar genuinamente de outro ser humano, incapaz de sentir, incapaz de viver além da raiva e do ódio.

A minha grande armadura era o ódio, vivia possuída por ele. Depois desse momento, encarreguei-me da minha própria defesa e do peso de defender a minha mãe e irmã também. Entre a decisão até o momento em que saí de casa, passaram-se 6 anos. Durante esse tempo, evitava, ao máximo, estar em casa, saía cedo e voltava o mais tarde possível; às vezes, chegava a ficar dias seguidos sem ir para casa. Agarrei-me ao único sonho que tinha, de ter uma quinta com cavalos. Criei um plano, sabotei a minha média de entrada na faculdade, para garantir que ia para longe de casa, longe de tudo o que estava vivendo e, finalmente, aos 18 anos, esse momento veio.

Quando cheguei a Vila Real para estudar Bioengenharia, foi como se o peso do mundo inteiro tivesse saído dos meus ombros, sentia-me livre, algo que durou apenas um período. A verdade é que eu estava fugindo do que tinha vivido, e não resolvendo o problema. Rapidamente, descobri que tinha saído da violência, mas ela não tinha saído de mim. Estava com depressão. Desde os 15 anos, dormia apenas quatro horas por dia, e a exigência do curso que escolhi mais os dois trabalhos que tinha para poder viver, levaram-me ao *burnout*, com apenas 19 anos. Continuava vazia, não queria sentir. Durante o dia, esforçava-me para parecer um ser humano funcional e produtivo na sociedade e, quando a cabeça tocava na almofada, chorava até não me lembrar de adormecer.

Pedi ajuda psicológica e psiquiátrica. Na minha primeira sessão com a psicóloga, chorei do início ao fim, enquanto contava que sentia, que se desaparecesse, ninguém iria reparar. Era a primeira vez na vida que estava a ter acolhimento para aquilo que sentia, em vez de silêncio ou condenação. O que vivi na terapia foi muito transformador, no entanto, não foi ao centro da questão de quem sou. Lembro-me de em uma das sessões, dizer que sentia a necessidade de reconhecimento.

Dei o exemplo do cão, que quando faz o que o dono pede, espera o biscoito. Ela disse que eu não era um cão, que não era necessário ir buscar reconhecimento externo. Decidi então colocar essa necessidade na caixinha, como se fosse algo que não fazia sentido. A verdade é que ainda estava à procura de uma solução rápida para o que sentia.

A psiquiatra, por sua vez, tinha me medicado com antidepressivos e ansiolíticos, que eram uma linha de vida. Eu funcionava com recursos mínimos, mas continuava tendo crises de ansiedade e a dormir apenas quatro horas por dia. A medicação foi necessária para seguir em frente, mas, para resolver aquele vazio incansável dentro de mim, eu tinha que ir mais fundo, na raiz de quem eu sou. Nessa altura, eu era ateia, não acreditava em nada que fosse espiritual e autoconhecimento era perda de tempo.

Continuei a avançar no curso, mudei de trabalho e até estava em um relacionamento. No entanto, continuava vazia. A relação funcionava à base de discussões e momentos de fuga à dor, o trabalho pedia cada vez mais de mim, o curso tinha disciplinas extremamente desafiadoras e dormir quatro horas por dia estava a acabar comigo. Este foi o ponto de início do meu caminho no autoconhecimento.

Como a medicação não estava a funcionar e eu continuava a não dormir, tentei a acupuntura. Na primeira consulta, a especialista falou em agir na causa e não no sintoma, desobstruir a passagem de energia. Sinceramente, não acreditei em nada, mas continuei. Saí da sessão, adormeci por volta das 11 horas da noite e, quando abri os olhos, as lágrimas começaram a cair. Era de manhã, eram 9 horas da manhã e eu tinha dormido, pela primeira vez, uma noite inteira, em seis anos.

Nos dois anos seguintes, fiz o desmame da medicação, juntamente com a acupuntura e o acompanhamento psiquiátrico. Ao final desse período, a vida me apresentou uma nova etapa. Aos 24 anos, conheci o João, meu atual marido. Foi um encontro de almas; pela primeira vez na vida, eu não controlava firmemente o que sentia. Quando estava com ele, era simplesmente invadida por uma onda avassaladora de amor. Tinha a ideia muito fixa de que não queria viver com ninguém, que não queria filhos, que essa felicidade não era para mim. Existia uma crença ainda mais profunda atrás desse pensamento. A minha mãe dizia-me que tudo ia bem na vida dela, até eu nascer, então, inconscientemente, eu acreditava que ter um filho ia representar o início da violência que vivi.

No segundo ano de namoro, já vivia com o João. Nesse ano, a minha cunhada engravidou. João sempre quis ser pai e ter uma família, e esse acontecimento quase levou ao nosso fim. Sentia-me pressionada, dissemos coisas terríveis um para o outro. Saí de casa por um mês e, nesse tempo, com o peito aberto e sangrando novamente, ganhei perspectiva, percebi que se não olhasse de verdade para as minhas feridas e aprendesse a amar-me, ia perder uma grande oportunidade de ser feliz. Quando nos encontramos novamente, tínhamos o desejo profundo de estarmos um com o outro, sem aquilo que havíamos idealizado para cada um individualmente. Queríamos curar e construir o que fosse possível com essa cura, porque, acima de tudo, era amor o que sentíamos.

Foram várias as ferramentas de autoconhecimento que usei, durante anos. Iniciei com coisas simples, como meditações guiadas, com o explorar do que era o universo e como ele é representado através de cada um de nós. Perto do casamento, fiz os florais de Bach, uma experiência profunda de libertação emocional que me mostrou um pouco do que era sentir aquilo que ainda estava oculto.

Fui caminhando, sem perceber, em direção ao meu despertar, até que, em 2020, um ano depois de ter sido mãe pela primeira vez – algo que foi desejado, pois já me sentia curada –, durante a pandemia de covid-19, fiquei sem dar aulas. Eu era professora de ballet desde os 23 anos e, com o fechar de tudo, vi o vazio novamente. Senti novamente o *burnout*, uma raiva explosiva que transbordava por todas as minhas ações. Olhava à minha volta e tinha a casa com que sempre sonhei, um marido e um filho maravilhosos, fazia um trabalho que amava, o que me fez questionar: "Por que me sinto assim outra vez?".

Foi neste momento que o universo me trouxe a resposta, quando conheci o eneagrama. Essa ferramenta de desenvolvimento humano descreve vários processos que vivemos enquanto seres humanos e apresenta nove tipos de personalidades/essências. Com ela, consegui ver além da superfície das minhas ações, dos meus pensamentos e sentimentos, ver o verdadeiro motivo de agir como agia, de estar novamente perto do *burnout*. Como um tipo 3 de personalidade, enquanto estava esquecida de mim, da minha essência, vesti várias máscaras em busca de valor (amor) externo (lembra-se da história do cão?), coloquei os sentimentos de lado e vesti a capa de supermulher, que tudo pode e consegue. Até a forma que interpretei a violência que vivi dependeu desse filtro: onde antes via abandono e falta de amor, hoje vejo compaixão e sei que tudo foi amor, o amor que cada um de nós conseguiu dar, da forma como conseguia dar. Descobri que mesmo depois de tantos anos, eu ainda não me amava, ainda estava à procura desse amor fora de mim, e era por isso que estava, de novo, tendo os mesmos sentimentos.

Precisei me descontruir de dentro para fora, voltar a sentir, me libertar das crenças que me impediam de ter a paz interior e o equilíbrio que tenho hoje. Aprendi a ter compaixão, gentileza e amor comigo e descobri o meu propósito, que até então não existia. Com a Lee Miranda, da Escola Somos Um, fiz o curso de Eneaterapia® e me tornei eneaterapeuta®.

Hoje, sou mãe de dois meninos incríveis, vivo um relacionamento e uma vida que nunca acreditei ser possível para mim. Mas isso só foi possível porque quis me curar, porque escolhi me amar, porque descobri como me afastava desse amor, mas também descobri o caminho para ele. Aquilo que eu achava que era ódio pelo outro, na realidade era falta de amor por mim. Tenha a coragem de se conhecer, tenha a coragem de se amar, tenha a coragem de se render a quem você é, para a vida que quer nascer em você!

"Conhece-te como nunca.
É na conexão com quem
verdadeiramente és que te
libertas para
o verdadeiro amor."

ANA MARTINS

Ana Paula Silva Santos

Sou Ana Paula Silva Santos, de Londrina/PR. Sou esposa do Rodrigo, com quem tenho dois filhos: o Matheus Felipe e o Gustavo Henrique.

Formada em Nutrição, atuei nessa profissão por treze anos. Uma profissão que amei muito, porém, quase custou a minha presença na infância dos meus filhos, tema este que falaremos nesse capítulo. Há cinco anos, me formei em *coaching*, *master coach*, mentora e terapeuta; fechando, assim, um ciclo em minha vida e me abrindo para o novo.

Após viver vários processos de autoconhecimento, criei um movimento de mulheres, Eu Decidi Brilhar, e a mentoria Mulher Diamante, que tem ajudado mulheres a vencerem suas dores e a viverem exatamente aquilo que Deus planejou para suas vidas.

anamentoraoficial

anaatelier037@gmail.com

+55 (44) 99143-7533

3 O PODER DO POSICIONAMENTO

Por Ana Paula Silva Santos

A minha história, assim como muitas outras, começa com um momento de dor e a sensação de estar em um túnel sem saída.

Já era casada, com dois filhos, e amava ajudar meus pacientes, na sua grande maioria mulheres, a emagrecerem. Digo sempre que meu coração cantava com a minha vida profissional, até o momento em que minha agenda teve um declínio absurdo de consultas. Os atendimentos que eram concorridos, de repente, tornaram-se raros. Neste momento, me vi sem saída, frustrada, desanimada e sem saber o que fazer. Lembro-me do quanto eu chorava dentro do meu consultório e perguntava para Deus o porquê de tudo aquilo estar acontecendo comigo.

Decidi então que precisaria agregar algo aos meus atendimentos para inová-los. Eu achava que estava obtendo mais conhecimento para os meus pacientes, mal sabia eu que estava diante de mim mesma, a pessoa que precisava de ajustes, cura e transformação. Essa foi a forma que Deus encontrou de me colocar no processo, achar que era algo para outras pessoas e não para mim. Muitas vezes, o orgulho nos cega e não conseguimos enxergar o que está nítido na nossa frente, gritando dentro de nós. Então, neste momento, é preciso que alguém que nos conhece melhor do que nós mesmos entre em ação para revelar nossas fraturas e tratá-las, a partir do momento em que damos o primeiro passo. Somente o Criador conhece tão bem a sua criatura, obra de suas mãos, e Ele é especialista para personalizar o "tratar" Dele com cada ser humano. Aqui era o começo de uma jornada para que eu me encontrasse e descobrisse quem eu era em Deus, a minha real identidade.

Vou dividir o passo a passo do início dessa jornada, o fechamento dos ciclos e as fases dos resultados, pois meu desejo é que você analise sua vida a partir dos meus erros e acertos e avance rumo ao seu propósito.

O reconhecimento

No início da minha Jornada, entendi que meu posicionamento como mulher precisava de ajustes. Não havia, da minha parte, uma postura feminina dentro do meu lar, entendendo que Deus havia me colocado ao lado do meu esposo, e não competindo com ele. Embora tivesse minha carreira profissional até então muito bem-sucedida, isso não me fazia superior e nem me dava o direito de me sobrepor a ele. Infelizmente, a virilidade feminina tem sido algo muito "comum" em nossos dias, porém é disfuncional, além de prejudicar a vida conjugal.

Nós, mulheres, precisamos entender que em nosso trabalho, na vida profissional, podemos estar em um cargo de gerência, de comando, mas que dentro das nossas casas precisamos assumir a postura feminina, pensando que quem assume os riscos, a linha de frente, não somos nós. Muitas mulheres carregam o "peso" de funções que não são delas e isso gera um desgaste até mesmo emocional. Falo isso por experiência própria. Ao me posicionar como "mulher feminina", tirei um fardo das minhas costas.

Minha motivação de mudança foi também pela vida dos meus filhos, afinal, eles são meninos e precisavam ver o pai deles como o sacerdote da casa, a força, a proteção e o cuidado. Caso eu insistisse naquela postura, geraria neles uma disfunção que iria refletir nos relacionamentos conjugais futuros deles. Gostaria de enfatizar que entender o posicionamento não é estar subjugada à figura masculina ou ser inferiorizada, muito pelo contrário, é usar suas habilidades naturais para somar às dele.

A carreira

Como foi doloroso entender as minhas motivações. Embora eu amasse e me dedicasse tanto aos meus atendimentos e à satisfação das minhas pacientes, a ordem das prioridades não estava alinhada ao que Deus havia planejado para mim. Quando entendi que meu primeiro ministério era minha família, que estava perdendo a infância dos meus filhos e que isso não voltaria, meu coração começou a entender as prioridades. Por mais que almejemos o sucesso, a realização, nada justifica um fracasso familiar ou maternal na vida de um filho.

Descobri, nesse momento, o porquê ser reconhecida e ter sucesso profissional era tão importante para mim. Fazia o que fazia sem saber o porquê, achava natural que uma pessoa se empenhasse ao máximo em seu trabalho, porém, quando iniciei meus processos, tudo começou a descortinar diante de mim. Uma de minhas fraturas emocionais da infância, a de não ter um sobrenome relevante, algo comum há trinta anos, me fez buscar a relevância profissional a todo custo. Muitos podem pensar que foi algo positivo, que fez de mim uma pessoa determinada e focada, porém, fazer o certo pelos motivos errados não o torna certo, e isso quase custou minha família. Cuide das suas prioridades, reavalie, não abra mão dos seus queridos por nada.

Vou enfatizar aqui algo que me despertou em relação às crianças. Com uma rotina intensa de trabalho, eu não tinha tempo de mesa com meus filhos. Preparar uma refeição, arrumar a mesa, sentar-se com tempo de ouvi-los era algo que não fazia parte dos nossos dias. Como essa mudança dentro do nosso lar impactou nossas vidas, nosso relacionamento, nosso convívio, e fortaleceu a unidade da nossa família! Além de gerar memórias importantes e pertencimento na vida das crianças, que vão impactar de forma definitiva a identidade deles.

A concorrência

A pior coisa que existe para uma pessoa, a mulher, em especial, é não ter clareza sobre si mesma, sua identidade, a preciosidade do que carrega dentro de si mesma. Algo único que Deus fez questão de individualizar e personalizar para cada ser humano. E pode ser que você pense que sabe de tudo isso, eu também achava. Mas, na prática, a minha forma de me relacionar com as pessoas não era coerente com o que eu afirmava. E isso começou a se tornar notório dentro dos meus relacionamentos mais próximos. É importante lembrar que ferimos ainda mais as pessoas do nosso convívio.

No meu caso, foi a minha cunhada, uma relação que passou a ser tóxica para toda a família e a ferir as pessoas que tanto amo. Sempre que alguém incomoda você, de alguma forma, olhe para dentro de si e pergunte: "Por que estou incomodada com essa pessoa, com o comportamento dela?". Porque, na grande maioria das vezes, diz respeito a nós mesmas; algo que não está bem resolvido dentro de mim, que está evidenciando minhas dores, meus traumas, fraturas emocionais que precisam de cura. Quando entendi quem eu era e que ninguém rouba espaço de ninguém, que aquilo que Deus planejou para minha vida é único e assim é para cada pessoa, foi uma libertação em todos os âmbitos de relacionamentos, sejam eles pessoais, profissionais, nas igrejas, dentro dos ministérios.

Fechando ciclos

Acessar a identidade é a maior libertação que uma pessoa pode ter na vida. Acredite. Quando entendi, de fato, quem eu era, minha carreira começou a perder o grau de importância que havia na minha vida. Lembra das minhas motivações? Pois é, ao viver o processo de autoconhecimento, entendi que o meu valor estava em quem de fato eu era, e não no que eu fazia. Nós podemos fazer tantas coisas, temos tantas habilidades, talentos e dons que Deus colocou dentro de nós para desenvolvermos as mais diversas atividades. Quantas pessoas estão presas em profissões que já se tornaram fardos porque não conseguem encerrar um ciclo? Não se veem fazendo outras coisas porque definiram sua identidade àquilo que elas fazem.

A nutrição fez parte da minha vida enquanto meu coração "cantava" ao ver os resultados físicos. O dia que comecei a perceber que ver a realização dos meus pacientes já não me impactava como antes, que meus processos pessoais estavam a todo vapor, tive a percepção que esse ciclo como nutricionista precisava se fechar. Ele foi acontecendo de forma gradativa, até a conclusão de fato. Foi quando a terapia e mentoria com mulheres entrou na minha vida e, hoje, o meu coração canta ao ver uma mulher vivendo o processo de autoconhecimento e desenvolvendo seus potenciais.

O processo de autoconhecimento sempre vai partir da decisão de vivê-lo. Posso afirmar com toda convicção que é a maior realização que uma pessoa pode acessar nesta vida. A liberdade de ser você mesmo na identidade plena como Deus planejou. Muitas pessoas dirão que não precisa, a vida é simplesmente para ser vivida; outras ainda dirão que é "bobeira". Mas quero dizer que sim, a vida é para ser vivida, mas não de qualquer maneira. Temos apenas uma, com um propósito único para alcançar e concluir com sucesso.

Talvez você esteja iniciando ou nem começou a viver a sua jornada;

sente que precisa, mas ainda não deu os primeiros passos. O desejo do meu coração é que não perca mais tempo, você não está lendo este livro cheio de histórias de superação por acaso. Não existem coincidências, acredite! Talvez esteja no meio da jornada, mas saiba que todos nós estamos, sempre há algo novo a aprender e a superar para irmos para um próximo nível, que nos trará novos desafios e novas vitórias também. Desistir, parar, não é mais opção. Já dizia Albert Einstein: "A mente que se abre a uma nova ideia jamais voltará ao seu tamanho original".

Se hoje eu precisasse decidir começar, com certeza, o faria. E digo mais: algumas pessoas tem o privilégio de iniciar mais cedo, aos 20, 25 anos; outras, aos 36 anos, como foi comigo. Mas preciso salientar: independentemente da idade que você tomar essa decisão, os anos seguintes ao início do seu autoconhecimento e da descoberta da sua identidade serão os mais bem vividos até então, pode ter certeza disso.

Mudanças acontecem rápido, basta decidirmos e nos posicionarmos! Então, vamos lá! Na sua opinião, qual área da sua vida, hoje, está mais desalinhada com os seus sonhos? Você tem vivido algo totalmente diferente daquilo que planejou? Parta deste ponto para identificar o que está disfuncional. E que tal duas ações para você começar a colocar em prática, a partir de hoje?

Pense, avalie sua vida e defina.

Depois, trace as duas ações.

Seu primeiro passo foi dado, só não pare! Nunca se esqueça que os melhores dias virão após o processo de descoberta de sua identidade.

"O posicionamento de uma mulher com identidade bem definida transforma atmosferas."

ANA PAULA SILVA SANTOS

Ana Tereza Tatto

Sou Ana Tereza Tatto e moro em Pato Branco/PR, com minha família. Tenho uma filha linda chamada Heloiza.

Sou consultora estrategista de imagem, visagista, palestrante e mentora. Minha profissão surgiu após uma incrível transição de carreira, que veio junto com a maternidade. Sou formada em Engenharia Elétrica e Engenharia de Segurança do Trabalho. Mesmo gostando da profissão que tinha, convivi com um vazio por anos, e diante de todas as circunstâncias e desafios de ter um bebê, decidi viver meu sonho de empreender com moda.

Superei desafios e nunca tomei isso como desculpa, pelo contrário, isso me fortaleceu a buscar o que queria. Agradeço a Deus, minha filha Heloiza, minha família e todas as pessoas que contribuíram com o repertório da minha história.

anaterezatatto

+55 (46) 99930-6334

4 POR TRÁS DA IMAGEM

Por Ana Tereza Tatto

Por trás de uma imagem lapidada, de um posicionamento poderoso, de uma expressão fechada ou de muitas risadas existe muita história. Sabe aquele alguém que você achou arrogante? Existe muita informação por trás dele.

Em algum momento, provavelmente você já se sentiu perdido, sem saber para onde estava indo, ou pior, não sabia o que fazer, nem para onde correr, nem com quem falar, mesmo que você estivesse rodeado de pessoas. Você já se sentiu sozinho em meio à multidão? Isso acontece com muitas pessoas. Inclusive, pode ser que essa pessoa seja a mais animada da festa. Ela pode construir muros ao redor dela para não se sentir vulnerável, criar uma máscara para que as outras pessoas acreditem que ela está bem resolvida.

Sei disso porque já aconteceu comigo. Eu sempre fui a pessoa mais animada da festa, sempre busquei fazer as outras pessoas rirem. No fundo, eu sentia necessidade de agradar outras pessoas e ter a aprovação delas para me sentir capaz e querida.

Várias coisas que aconteceram quando éramos crianças moldam nossas vidas como adultos. As coisas que presenciamos, sentimos, ouvimos ou lembramos, mesmo que muitas vezes não tenhamos consciência, estão guardadas em algum lugar dentro de nós. Na infância, não temos o olhar e o conhecimento de um adulto, nosso cérebro imaturo apenas reage a situações, mas muitas dessas situações irão refletir em nossa vida no futuro, quando precisarmos tomar nossas próprias decisões, quando nos tornarmos responsáveis pelas nossas escolhas e tivermos o poder de dizer sim ou não.

Os acontecimentos que nos marcaram na infância impactam a nossa maneira de ver a vida, as nossas ações, decisões, o que acreditamos, e isso pode ser bom ou ruim. É possível observar padrões que acontecem em nossas vidas.

Quando me permiti entrar nessa jornada de autoconhecimento, comecei a entender com maior clareza minha necessidade de segurança e amor. Em tudo o que eu vivia, eu buscava a segurança. Segurança de um amor tranquilo, segurança nas minhas amizades, segurança nas minhas escolhas, ter o controle sobre a situação. Entendi também que não mudar de opinião facilmente, ser dura com as palavras e ficar na defensiva eram outras formas de estar segura.

Coloquei uma máscara e fui viver a vida, buscando preencher o vazio de uma vida complexa dentro de casa com um sorriso no rosto e festas todos os finais de semana. As festas sempre foram parte de mim; nelas, encontrei uma alegria superficial, em que você pode ser vista como uma pessoa incrível, maravilhosa, que está muito bem resolvida consigo mesma.

No entanto, lembro-me da sensação de chegar de madrugada em casa e sentir a solidão, ou como eu sempre falo, o barulho do silêncio. A festa, as risadas, os momentos não passam de lembranças. Tinha amigos em toda parte, de diferentes grupos; hoje já não tenho mais contato com praticamente ninguém. Algumas pessoas têm uma breve passagem pela nossa vida, todas deixam um pouco delas e levam um pouco de nós. Mas uma coisa é certa, você tem aquela pessoa na sua vida enquanto você tem algo a aprender com ela. Existem também aquelas pessoas que são como vampiros – li isso em um livro –, quando você se sentir desgastado e sem energia após conversar com ela, fuja enquanto há tempo.

Eu continuo amando festas, mas hoje eu prefiro "aquela" festa, em que encontro alguns bons amigos e acaba tornando-se um evento na vida.

Usei uma máscara por muito tempo para esconder a tristeza de me sentir rejeitada, por ouvir que eu nunca seria alguém na vida, por sofrer assédio, por ouvir palavras duras. Em certo momento da minha vida, percebi que eu não sabia mais quem eu era sem minha armadura.

Eu me formei em Engenharia Elétrica porque queria me sentir capaz, queria me sentir inteligente, um ponto fora da curva. Mesmo gostando do curso, senti que não era para mim, me desconectei, me perdi, percebi padrões em meus comportamentos, em meus relacionamentos, na minha relação com dinheiro e nas pessoas que eu tinha por perto.

Eu não sabia quem era a Ana Tereza. Aquela sensação de estar perdido, sem saber para onde ir, é você pedindo a você mesmo para tirar a máscara que, muitas vezes, a gente precisa colocar para conseguir enfrentar obstáculos. É a forma que a gente encontra de lidar com coisas que não dependem só de nós. É buscar controle no incontrolável. Buscamos pertencer a algum grupo, fazemos escolhas querendo a perfeição, aceitação, mas só temos clareza sobre isso quando nos permitimos entender o que nós realmente buscamos. Acredito que o primeiro passo da jornada do autoconhecimento é compreender o que precisamos: se é amor, segurança, pertencimento, estabilidade, mudanças, verdade, entre muitas outras coisas. Tem a ver com algo que temos medo de não ter, e isso é o que nos leva a repetirmos padrões que vivenciamos no decorrer das nossas vidas.

Minha mãe teve a incrível missão de cuidar de mim sem a presença do meu pai e, querendo ou não, isso me afetou psicologicamente. Um pouco da minha necessidade de pertencer e da aprovação que buscava vem desse aspecto da minha vida. Eu queria que as pessoas gostassem de mim, me aceitassem. Até hoje penso algumas vezes: "Será que aquela pessoa realmente gosta de mim?". No entanto, nunca tomei isso como uma desculpa, muito pelo contrário, isso me fortaleceu a buscar o que queria. Nossas escolhas definem nossa vida e nossos resultados, nós temos o poder de usar nossa história como âncora ou como impulsionadora para conquistar nossos objetivos.

Sempre tive o sonho de empreender, mas esperava o momento certo. Aquele momento que eu teria mais dinheiro, que eu teria mais conhecimento, "vou fazer só mais um curso, quando eu conseguir determinada coisa...". Sempre havia um motivo para esperar.

Eu comecei com uma pequena loja de roupas online, com minha melhor amiga. Como não era nossa principal fonte de renda, não conseguíamos nos dedicar à loja e ter o faturamento que gostaríamos. Uma noite, estava jantando com meu esposo e comentei com ele que estava pensando em fazer uma formação em consultoria de imagem para auxiliar nossas clientes no momento da escolha das peças, mas ficou por isso mesmo. Um tempo depois, durante minha gestação, participei de um evento de rodada de negócios que acontece na minha cidade, o "Elas no Bar", da minha querida amiga Lívia, e encontrei uma estilista. Ela comentou comigo: "Acho que você deveria trabalhar com consultoria de imagem, pois você se veste muito bem...". Aquilo foi uma semente plantada na minha mente.

Comecei a considerar essa possibilidade e fiquei interessada em um curso *on-line*. Quando a Heloiza nasceu, eu estava de licença-maternidade e resolvi fazer o curso. Percebi que era muito mais do que eu imaginava, eu realmente vi um propósito e me apaixonei por algo que já gostava muito. Em paralelo a isso, comecei a atender muitas pessoas próximas e decidi iniciar minha carreira.

Inicialmente, era algo para fazer em paralelo ao meu trabalho principal, mas quando chegou o momento de retornar da licença-maternidade, eu não consegui. Decidi sair do meu trabalho e empreender; passar o primeiro ano da vida da minha filha com ela em casa e trabalhar.

Não existe um momento certo para correr atrás do seu sonho, não existe a hora que você vai estar pronto, você só precisa colocar em prática. Essa hora está na sua atitude. Não estou dizendo que não é necessário se planejar, com certeza é preciso, afinal, se eu tivesse me planejado, algumas coisas nessa jornada teriam sido mais fáceis.

Não deixe ninguém falar que você não consegue, que você não é capaz. Se você quer, você precisa fazer isso por você. O ano que eu decidi fazer o que eu queria mudou a minha vida. Eu nunca me conheci tanto como nesse ano, encontrei respostas que eu busquei por muito tempo, tive contato verdadeiro com muitas crenças que estavam sempre presentes de forma silenciosa dentro de mim, como a crença do merecimento. Pensar que não mereço algo porque sou de uma cidade no interior do Paraná, porque não sou uma pessoa rica, porque, porque, porque... Desculpa é o nome que nós atribuímos a inúmeros motivos pelos quais não fazemos algo, pelo simples fato de que não nos sentimos seguros. Uma desculpa muito doida que eu escuto, e que já disse, é "eu não tenho tempo".

Lembre-se de uma coisa: todos temos a vida que merecemos. Nossos resultados estão baseados no que nossa mente nos permite, porque ela direciona nossas escolhas, e essas nos conduzem aos nossos resultados.

É curioso pensar que meu trabalho envolve a imagem e por muito tempo eu usei uma máscara, fingindo que estava tudo bem, que me sentia feliz, para que os outros pensassem que eu era bem resolvida comigo mesma. Trabalhar a imagem vai muito além da aparência, da roupa e do comportamento, envolve a nossa percepção sobre nós mesmos, nossa essência, nossas crenças. É um processo, vem de dentro, vem da aceitação. Você vai se sentir incrível e confiante quando se olhar no espelho e reconhecer que sua imagem refletida lhe agrada e representa quem você é de verdade.

Quando me permiti ser vulnerável e busquei aceitar coisas das quais tinha muita dificuldade, como a necessidade de aprovação e o medo de não ser boa o suficiente, eu comecei a me conectar comigo mesma. Mostrar nossas ideias, nossa história e nosso trabalho nos coloca em uma posição de vulnerabilidade, pois não temos a garantia de aprovação.

Nada me transformou mais do que entender que é uma perda de tempo tentar agradar todo mundo, que expressar a criatividade é uma forma de se desconectar de comparações, que o crescimento pessoal é um processo; você não se livra do perfeccionismo, das crenças de merecimento, da escassez e tudo mais de uma única vez. Precisamos aceitar e fazer uma coisa de cada vez.

Você não é o que aconteceu com você, mas o que você escolhe ser, todos os dias. Por mais que a jornada seja difícil, saiba quem você é. Sabendo disso, nada poderá te atingir, tenha fé e nunca desista. Você pode chegar aonde quiser.

"Você pode até se perder no caminho, você só não pode esquecer quem você é e quem você quer ser."

ANA TEREZA TATTO

Anizia Valadares

Sou Anizia Martins Valadares Souza, tenho 31 anos, nasci em Teófilo Otoni/MG, mas Nanuque/MG foi minha casa até os 19 anos. Depois, me mudei para Sete Lagoas/MG, onde vivi até os 31 anos e aconteceu meu processo de transformação. Atualmente, resido em Joinville/SC.

Filha de Washington e Ozenir, dois comunicadores natos, sempre tive a comunicação como uma marca na minha trajetória.

Construí minha vida profissional na indústria automobilística e, há um ano, passei por uma transição de carreira para viver a missão que ardia no meu coração: me tornar palestrante e mentora de mulheres. Atualmente, conduzo mulheres que desejam encontrar o propósito de vida e viver a melhor versão de si mesmas.

aniziavaladares
aniziavaladares
aniziavaladares1
aniziavaladares.com

5 NÃO ACEITE O SEU DESTINO

Por Anizia Valadares

Eu nasci para tocar almas. Parece soberba dizer isso, e por muito tempo também achei que era, mas cada vez que uma cliente diz para mim "eu nunca tive coragem de dizer isso para ninguém" ou "o que você disse me tocou tão profundamente que eu decidi mudar", eu sinto que toquei na alma dela.

Tocar almas é permitir que o outro se desnude à sua frente, sem vergonha do que ele tem para mostrar, sem medo do que você vai dizer; a pessoa simplesmente se abre, porque encontrou ali um campo seguro e acolhedor, sabe que não será julgada pela sua vulnerabilidade.

Mas nem sempre foi assim. Acredito que quando somos mais novas, pensamos que somos donas de uma verdade absoluta, inquestionável. Eu era uma mulher que julgava outras mulheres, que competia com elas e achava que elas estavam sempre competindo comigo. Hoje, sei que tudo que vivi foi parte do processo para eu me tornar mentora de mulheres. Eu não posso conduzir outras pessoas à cura se eu mesma nunca a experimentei. Outro dia, ouvi uma pregação que dizia: "a sua dor esconde o seu propósito". Hoje, eu vivo o significado dessa frase.

Eu sou a filha caçula do segundo casamento do meu pai. Ele era 42 anos mais velho que minha mãe, sou a oitava filha dele e a segunda filha dela. Lembro-me de contar essa história quando era criança, porque achava o máximo a cara de espanto das pessoas tentando entender o que eu havia dito. Eu nem sabia muito bem o que isso queria dizer, mas adorava contar: "Minha irmã mais velha tem a idade da minha avó materna." Eu contava e ria, vendo a confusão no rosto das pessoas.

Depois de estudar constelações familiares e hipnose, depois de viver esses processos, eu entendo a representatividade da minha história e que a confusão não estava apenas no rosto dos que ouviam, mas dentro de mim mesma.

Muitos acreditam em destino; outros, em livre-arbítrio. A verdade é que os dois existem, mas você só é capaz de exercer o livre-arbítrio depois que desvenda o seu destino; caso contrário, você vai fazer escolhas guiadas pelo seu inconsciente, que está sendo comandado pelo seu destino, enquanto você acredita que está fazendo escolhas conscientes.

Você pode estar indignada, agora, pensando: "Essa coisa de destino não existe, só acredito em livre-arbítrio". Então, eu te pergunto: você escolheu onde e quando nascer? Escolheu quem seriam seus pais? Seus irmãos? Pois então, este foi o seu destino. Suas escolhas só serão conscientes depois que você acolher e entender esse campo; caso contrário, serão escolhas guiadas pelo seu destino.

Aos 16 anos, comecei a namorar um homem nove anos mais velho que eu. A diferença de idade não era tão grande como a dos meus pais, mas já era uma escolha inconsciente, feita para honrar a história deles. Era um relacionamento conturbado. Ele, controlador; eu, um tanto rebelde, acreditava que todo controle e posse eram uma prova de amor. Era um namoro escondido do meu pai, porque ele fazia questão de dizer: "Quando você arrumar um namorado, você perde tudo comigo". Hoje, entendo que ele dizia aquilo com a intenção de me proteger e mal sabia que esse método não funcionava muito bem.

O pai e a mãe são a nossa primeira referência de homem e mulher; tudo que amamos e rejeitamos neles tornam-se parte das nossas escolhas, a menos que tomemos consciência dos nossos destinos para então tomarmos posse do nosso livre-arbítrio.

Quando completei 19 anos, o namoro acabou e me mudei de uma cidade pequena do interior, para Sete Lagoas/MG, região metropolitana de Belo Horizonte. Após o fim do namoro, meu pai descobriu a mentira e cumpriu a promessa dele. Começar a vida em Sete Lagoas foi um grande desafio financeiro. Foram quatro longos anos vivendo o malabarismo de uma vida financeira conturbada até conseguir me estabilizar. Durante esse período, meu pai faleceu. A morte dele veio como um terremoto sobre mim, quando eu imaginava que as coisas estavam finalmente entrando no eixo. Meu pai faleceu dia 1 de julho de 2014, e no dia 31 de julho, eu fui demitida. Eu não me conformava. O que Deus estava querendo de mim? Qual lição ele queria me dar? Por que tudo aquilo estava acontecendo comigo? O que mais poderia acontecer?

Em fevereiro de 2015, fui diagnosticada com depressão. Logo eu, que sempre fui tão otimista, que vivia repetindo que nunca teria depressão, afinal, alegria era a palavra que as pessoas mais atribuíam a mim. Ainda muito contrariada e com dificuldade de assumir que precisava de tratamento, aceitei fazer terapia e consultar um psiquiatra. Durante o tratamento, comecei outro relacionamento com um homem cheio de problemas financeiros e emocionais. E eu, com a síndrome da salvadora, pensei ser a pessoa perfeita para ajudar esse homem a se reerguer, afinal, tinha passado por tanta coisa e estava me reconstruindo, claro que eu poderia salvá-lo. O namoro evoluiu para um noivado. Nove meses antes do casamento, decidi fazer quarenta dias de jejum e oração. Pedi a Deus que tudo acontecesse conforme a vontade Dele. Seis meses antes do casamento, o noivado acabou.

O início de um novo tempo

Aos 27 anos, o fim do noivado veio como entendimento da vontade de Deus para minha vida. Eu precisava olhar para mim.

Traições, relacionamentos conturbados, baixa autoestima, parecia que eu estava destinada a ser infeliz no amor. Afinal, foi o que eu mais ouvi na infância: "homens não prestam", "nenhum homem será bom o suficiente para você", tudo isso parecia fazer sentido naquele momento. Mas eu não me conformei, não queria aceitar aquele destino de ser uma mulher bem-sucedida no trabalho e infeliz no amor. Eu não aceitava aquele destino e acreditava que Deus tinha outros planos para minha vida. Mas, o que eu precisava mudar para ser capaz de acessar essa nova realidade?

Então, comecei o meu processo de autoconhecimento, olhar para minha história, para a história dos meus antepassados, queria entender por que eu fazia tantas escolhas erradas.

O processo de *coaching* foi a primeira faísca. Daquele momento em diante, desencadeou-se uma série de descobertas sobre quem eu era.

Percebi coisas que eu nunca havia reparado, pois estava sempre com os olhos voltados para fora, sempre preocupada com o que os outros iriam pensar de mim. Quanto mais olhamos para fora, mais perdidos ficamos por dentro. É uma ânsia de agradar os outros, uma necessidade insaciável de ser amada. E quando se olha para dentro, percebe-se que tudo isso é fuga, é o medo de enxergar quem você verdadeiramente é.

Mas, se autoconhecimento é algo que liberta, por que poucos estão dispostos a viver o processo? Por que a maioria prefere viver na ignorância da identidade, repetindo padrões familiares, sendo infelizes em algumas áreas da vida e seguindo o ditado "Não dá para ter tudo na vida. Ou você tem dinheiro ou você tem amor."? Porque autoconhecimento dói.

É preciso olhar para nossa família de origem e nem sempre viemos dos lugares que gostaríamos. Reconhecer em mim os defeitos que eu sempre julguei, fere o meu ego. É difícil admitir que nem tudo que eu fazia pelo outro era por ele, mas sim pela minha vontade de tapar um buraco que estava em mim. É doloroso, mas posso te garantir, vale a pena!

Depois de viver todo esse processo intenso de autoconhecimento, entendi que não eram as mulheres que disputavam comigo, era eu que fazia questão de mantê-las longe de mim. Durante o meu processo de cura essa distância com outras mulheres foi diminuindo. Comecei a perceber que minha história inspirava a mudança de outras mulheres, então, surgiu a Anizia mentora.

Atualmente, tenho um relacionamento saudável com o Lucas, um homem que me ama, me respeita, me apoia. Um relacionamento em que me sinto segura para mostrar minhas vulnerabilidades e não preciso ser um personagem para agradá-lo.

O processo de autoconhecimento não tem fim, continuaremos nos reconhecendo até o último dia das nossas vidas, mas, quanto mais cedo começamos, mais conscientes e felizes vivemos.

Você não precisa escolher entre ser uma profissional bem-sucedida ou ter um relacionamento feliz. Entre ter o corpo dos sonhos ou ser saudável. Entre ser amada ou ser você mesma. O universo é abundante.

Jesus disse: "Eu vim para que tenham vida e vida em abundância". Deus quer que tenhamos uma vida próspera. A crença de que precisamos sofrer para entrar no Reino dos Céus é distorcida. Jesus Cristo já viveu todo o sofrimento necessário para nos salvar, e a melhor forma de honrarmos o sofrimento dele é vivendo uma vida próspera e abundante, uma vida com sentido e direção.

Deus não ama mais a mim do que a você. Se eu tenho uma vida próspera e abundante, você também pode ter. A pergunta que eu quero te fazer agora é: você está disposta a ressignificar seus traumas, a mudar sua mentalidade, a encontrar o seu lugar e dar lugar àqueles que vieram antes de você? Se sim, escreva abaixo "Eu estou disposta".

Agora, pense na área da sua vida que você mais deseja mudança. Depois, escreva abaixo: quais são as crenças que você tem sobre isso? Quais eram os ditados que sua família dizia sobre isso? Quais exemplos de vida você tem nessa área?

____

Este pode ser o seu destino, mas você não precisa aceitá-lo. O poder de fazer as escolhas certas está em suas mãos. Será um prazer conduzi-la nessa jornada de autoamor e autocuidado. Se você aceita esse convite, venha para minhas redes sociais. Um novo tempo começa agora!

"Viver é ziguezaguear entre amor e dor, alegria e tristeza, equilíbrio e disparate, mas é você que escolhe o que predomina em você."

ANIZIA VALADARES

Anne Quintas

Sou Anne Quintas, filha amada de Deus, grata por tudo, mãe da querida Anna Valentina. Faço valer a pena cada dia que acordo, pois "a vida não é para ser vivida como um rascunho," como disse Mario Quintana.

A intensidade das demandas diárias é desafiadora, mas aprendi que equilibrar vida pessoal e profissional é essencial e transforma vidas. Amo trabalhar com pessoas, elas me inspiram a estar em constante aperfeiçoamento das minhas habilidades e competências, a proporcionar o meu melhor, ajudando-as no autodesenvolvimento, fazendo diferença positiva na qualidade de suas vidas.

Sou psicóloga, administradora, *coach* de carreira, analista comportamental, palestrante e pós-graduada na área. Ouvir pessoas, suas histórias de vida, ver a evolução de suas trajetórias é algo realizador para mim.

annequintas
annetroelsent@gmail.com
anneklq30@hotmail.com
+55 (71) 99172-0921

6 SEJA SEU PRÓPRIO MUNDO IDEAL E ESQUEÇA COMPARAÇÕES

Por Anne Quintas

Hoje, quando comecei a escrever, estava chovendo muito. Apesar de amar muito o sol e morar em uma cidade com praia, também adoro dias de chuva, eles me trazem uma sensação boa de aconchego, de pausa para reflexão com uma xícara de chá ou café. Quando fui fechar a janela, senti uma brisa boa no meu rosto; parei, respirei fundo algumas vezes, fiquei olhando e admirando a chuva caindo do lado de fora. Instantaneamente, me veio o pensamento de que somos muito parecidos com as estações do ano: temos muitas primaveras, momentos em que tudo são flores; aqueles dias de sol intenso como o verão, que nos deixam felizes e com o coração quentinho; dias como o outono, que nos deixam reflexivo e muitas vezes sem ânimo, apenas seguindo o fluxo da vida; e, por fim, dias como o inverno, com cada um vivendo as próprias tempestades, e suas diversas sensações e aprendizados.

Quando trazemos esse pensamento para a consciência, percebemos melhor esses climas na nossa primeira casa, nós mesmos, no corpo e na mente.

Fiz meu café, sentei-me novamente para escrever, concluindo o pensamento de que tudo depende de nós mesmos. Como observamos o ambiente em que vivemos, como acolhemos nossas dores diante das adversidades, e nos enxergamos perante a vida, além das decisões que temos que tomar para melhorar a qualidade dela. Senti que o intuito que eu estava buscando para esse capítulo era justamente trazer esse aconchego para a vida dos leitores.

Desde criança gosto de ler livros. Eles me levam a um mundo novo, sem nunca sair de onde estou, e isso me fascina. Ao longo dos anos, fui tendo consciência de que as histórias foram inspiradas em algum acontecimento da vida real, e eu ficava imaginado os acontecimentos, a lição que eles deixavam e como poderia ser diferente se atitudes tivessem sido colocadas em prática ou alguém tivesse ajudado. Então, comecei a estudar a psicologia e sua complexidade. Hoje, atuando como psicóloga clínica, fico extremamente feliz e realizada com minhas escolhas, pois mesmo que o caminho não tenha sido fácil, sempre entreguei tudo nas mãos de Deus, combinado com ações, e foi isso que me trouxe onde estou hoje.

Este é meu segundo livro como coautora; o primeiro foi "Os segredos do sucesso", com o tema "Treine e alimente sua mente". Sou imensamente grata pela oportunidade de poder compartilhar um pouco dos novos capítulos da minha história e dizer como foi um divisor de águas treinar e alimentar minha mente, além de definir meu mundo ideal e não ficar me comparando com outras pessoas. Foi muito importante entender meu propósito, pois sigo vivenciando todas as ressignificações que fiz na minha vida de maneira realizadora, positiva, produtiva e abençoada, mantendo sempre os pés no chão, com humildade, para continuar aprendendo com todas as estações do ano que existem em mim e com as percepções que tenho sobre o mundo, e como posso me relacionar com ele.

Sou pernambucana. Viajei de férias para Salvador e nunca mais voltei. Foi bem desafiador, mas encontrei anjos que me apoiaram nessa jornada. Formada em Administração, trabalhei em multinacionais diversas, em gestão de recursos humanos e me encantei. Ao fazer o MBA Internacional em Gestão de Pessoas, decidi que precisava fazer a graduação em Psicologia, pois entendia que o indivíduo não deveria ser avaliado apenas pelo lado profissional, o todo era fundamental para ter um profissional mais engajado e motivado. Já tinha feito um intercâmbio em Toronto, no Canadá, era apaixonada pela cidade e estava decidida a iniciar a graduação em Psicologia lá. Mas estava noiva e essa decisão precisava ser em conjunto. Ele pediu que esperássemos mais um tempo, então decidimos ir em outro momento.

Depois de dez anos juntos, as divergências de estilos de vida foram ficando intensas. Eu já estava cursando Psicologia, a mente cheia de possibilidades, e recebi uma bolsa para fazer pós-graduação em Toronto. Dessa vez, decidimos que eu deveria ir sozinha. Eu creio nos desígnios que Deus tem para nossas vidas, Ele não realiza nossos planos para que esses planos não nos destruam lá na frente, pois os dEle são melhores para nós. Descobri que estava grávida quatro meses antes da viagem, então não viajei. Fiquei arrasada, senti um misto de frustações, pois era um dos meus sonhos morar lá. Mas, após o susto e impacto da notícia, pois não queria ser mãe naquele momento, foi surreal o amor que transbordou quando a ficha caiu.

Minha filha era o centro do meu universo e tornou-se um sonho que eu nem sabia que tinha. Porém, como nem tudo são flores como as da primavera, depois que ela nasceu, apesar do amor e da dedicação, vieram os desafios da maternidade. Ela era apegada a mim, mamava no peito e não pegava mamadeira mesmo com meu próprio leite, não se adaptava a ninguém, teve muitas cólicas nos primeiros três meses, tendo que dormir em cima de mim por recomendação médica. Então, tive de trancar a faculdade para me dedicar a ela.

Como o outono, vieram momentos de reflexão e depois começaram as tempestades de inverno na minha vida. Os problemas que tinha com meu marido se intensificaram, pois começamos a brigar muito porque ele achava que eu estava desperdiçando meus talentos. Ele não enxergava o trabalho desafiador, para se dizer o mínimo, que é ser mãe em tempo integral e dona de casa, o quanto esse trabalho invisível e muito desprezado é exaustivo. Nossa família sempre tinha muitas opiniões sobre nossa vida privada, mas ignorei e segui minha intuição, pois quem sabia o que estava vivendo era eu. As pessoas gostam muito de dar conselhos sobre maternidade, mas não percebem o quanto podem ser invasivas.

Não existe receita de bolo para a maternidade, existem vivências diversas, em que cada pessoa pratica o que acha melhor para tornar a própria vida mais fluida. Então, continuei me dedicando à minha filha e à casa por dois anos. Após esse período, dei continuidade à faculdade de Psicologia, além de agregar outras formações, retomando, assim, minha vida profissional. Eu sabia que depois de tantos desgastes matrimoniais precisaria de uma mudança radical em todas as áreas da minha vida e, para isso, precisaria alcançar meus anseios profissionais e minha independência financeira.

Bem antes da gestação, eu já não me sentia realizada. Depois que minha filha nasceu, a única alegria que sentia era vê-la crescer saudável e inteligente e fazer meus cursos. Eu sempre fazia o que era melhor para todos, mas não estava feliz, faltava algo. Estava vivendo no automático e meu corpo sentiu isso, foi quando desenvolvi alergias diversas, meu corpo estava inflamado, nem os antialérgicos faziam efeito. Era emocional, eu internalizava tudo. Comecei a fazer terapia e, nas sessões, percebi que estava frustrada e me negava a aceitar isso. Eu tinha o casamento dos "sonhos", era uma mãe devotada à filha e família, mas não tinha luz própria. Eu tirava a atenção do que me incomodava e priorizava deixar a vida dos outros mais feliz. Sempre fui muito boa em perceber o outro, mas estava na hora de perceber a mim mesma e parar de me permitir uma vida vazia.

Então tirei a barreira psíquica que tinha colocado e decidi escolher os capítulos relevantes que gostaria de viver e ser lembrada. Comecei por minha primeira casa, meu corpo: priorizei momentos de qualidade e autocuidado e uma rotina de atividades físicas e hábitos saudáveis. Comecei a frequentar, de fato, a academia, que antes só pagava.

Finalizar um relacionamento de 18 anos foi mais uma das mudanças que fiz. Ao pensar em todos os prós e contras, entendi que essa situação me deixava presa, e por mais que fôssemos amigos, conjugalmente já não funcionava, nossos valores sobre o que era importante para a vida estavam divergentes. Nós merecíamos mais que uma amizade confortável. Foi desafiador, pois tinha uma criança envolvida, o julgamento das pessoas. A terapia me fortaleceu muito. E assim deu tudo certo; colocando sempre Deus na frente, os julgamentos se transformaram em respeito e, em seguida, admiração.

Segui treinando e alimentando minha mente com leituras, novos projetos e *network*, tendo ajuda de uma rede de apoio, pois a vida nos apresenta anjos, como aquela vizinha que te ajuda a revezar e levar os filhos na escola, uma amiga com quem você pode dar risada, tomar um café e ir ao cinema. E mesmo se não tivesse essa rede de apoio, eu já tinha decidido ser minha própria rede, no meu mundo ideal.

O aconchego que quero trazer é uma reflexão, que para ser o seu mundo ideal, é preciso se amar, pois essa é a escolha mais importante que você vai fazer na sua vida. Quando encontrar o verão dentro de você, vai perceber o que de fato merece, pois quanto mais você alimentar o que não é para você, mais longe ficará do que precisa chegar na sua vida. É necessário organizar a rotina, entender o que está em desequilíbrio e quais ações precisa realizar para retomar o equilíbrio. Não se comparar com o outro, cada um tem sua própria percepção e suas vivências que podem não funcionar para você. Acredite nos seus sonhos e na sua capacidade, priorize-se, faça terapia se achar que deve, saiba dizer não, busque abraçar com carinho, amor e respeito a pessoa que está se tornando, independentemente da fase de vida que esteja.

Entenda que para aprender a conviver consigo mesmo, seguindo o que traz paz ao seu coração, será necessário perder algumas conexões, sejam elas pessoas ou lugares, e ter um tempo de autoconhecimento para redefinir seus limites e deixar ir o que não tem mais ressonância com sua vida. Então, não se cobre tanto pelo que não tem controle, aprenda a lidar com suas expectativas, tenha mais tempo de qualidade. Assim, a vida vai te recompensar e levar por caminhos que estejam em sintonia com seu novo momento. Lembre-se sempre que é você por você, e criar sua vida ideal dependerá exclusivamente do seu olhar sobre si mesmo, independentemente do status social, pois você é o autor da sua vida.

"Eu tirava a atenção do que me incomodava e priorizava deixar a vida dos outros mais feliz."

ANNE QUINTAS

Bruna Gontijo Batista

Meu nome é Bruna Gontijo Batista e sou natural de Bom Despacho/MG.

Psicóloga há mais de dez anos, sou apaixonada por desenvolvimento humano e autoconhecimento. Em meu trabalho, centenas de pessoas já foram impactadas ao redescobrirem sua essência e propósito de vida. Atualmente, além de psicoterapeuta, atuo como mentora de mulheres e de desenvolvimento pessoal e palestrante.

brunagontijopsi

psicologabrunagb.com.br

7 AUTOESTIMA FEMININA: DESCOBRINDO SEU PODER INTERIOR

Por Bruna Gontijo Batista

Quando fui convidada para escrever como coautora desta obra, não tive dúvidas em nenhum momento sobre o tema a ser abordado: a autoestima feminina.

Além de ser um tema bastante relevante nos dias de hoje, é um assunto muito importante para mim, pois faz parte da minha história de vida. A autoestima ainda é vista como uma referência restrita apenas ao aspecto físico, aos cuidados com nossa parte exterior. Claro que é muito bom nos cuidarmos no que se refere a este ponto, pois é sim muito importante nos olharmos no espelho e estarmos satisfeitas com o que vemos refletido ali. Porém, o que vejo atualmente é uma ditadura da beleza, em que não há satisfação, e sim uma busca incessante por um corpo e rosto cada vez mais padronizado. E o que mais acontece é a perda da identidade, pois, à medida que se vive buscando padrões de perfeição praticamente impossíveis de se alcançar, vem junto a frustração, e, por vezes, esta é apenas o reflexo de que o emocional não está bem.

Na prática clínica, em palestras e em mentorias é cada vez mais comum receber mulheres com problemas de baixa autoestima, que buscam fora a satisfação que não encontram internamente, no seu Eu interior.

A autoestima é um conceito muito abrangente, mas gosto de resumir que é "como me sinto em minha própria pele". Problemas, adversidades e situações difíceis fazem parte da existência humana, e todos nós passamos por isso. Porém, quando temos além de resiliência, uma boa autoestima, conseguimos passar por tais aspectos de maneira mais resignada.

Nossa autoestima é constituída desde nossa infância, em que aprendemos muitas de nossas crenças sobre a vida e sobre como devemos nos comportar. Gosto de dizer que tanto a autoestima quanto as crenças são adquiridas a partir do que entendemos como certo e errado em determinadas situações, portanto não há culpados na história. Não ficamos olhando o passado para apontar o dedo e achar erros, pois toda situação nos faz crescer, amadurecer e ser únicos. É importante entender o contexto, justamente para ampliar o próprio olhar e ressignificar as percepções que ficaram sobre episódios ocorridos e que influenciam em nossa forma de agir na atualidade.

A autoestima é a forma como nos percebemos, o que acreditamos merecer e desfrutar. Logo, acabamos por atrair situações que sejam compatíveis com tais percepções.

A mulher tem por natureza e instinto uma capacidade unânime de cuidar dos outros, o que é uma dádiva sublime. Porém, quando não há equilíbrio nesse aspecto, quando se doa em excesso, há um desequilíbrio e prejuízos de ordem emocional.

Nós, mulheres, precisamos compreender que só é possível doar quando estamos completas, quando estamos bem com nós mesmas e alimentamos isso diariamente em nosso cotidiano, a partir de rotinas de autocuidado que façam sentido para cada uma, como a prática de atividade física, massagem, relaxamento, ouvir música, dedicar um tempo ao descanso e tantas outras formas em que é possível se reabastecer emocionalmente e melhorar sua qualidade de vida, tendo mais leveza e bem-estar.

As dificuldades na autoestima envolvem queixas de autocobranças, perfeccionismo, necessidade de agradar os outros, insegurança, incapacidade de estabelecer limites nas relações, em dizer "não", entre tantas outras que, por vezes, não atribuímos a problemas com autoestima.

Por muito tempo eu não tive uma autoestima saudável. Sempre fui muito perfeccionista, tinha dificuldade de me posicionar. Descobri, através do meu processo terapêutico, que carregava feridas emocionais que faziam com que eu agisse dessa forma. Nunca estava satisfeita com meus resultados, buscava inconscientemente agradar os outros como forma de me sentir melhor, o que gerava grande frustração.

Quando descobri que todas as respostas estavam dentro de mim, muita coisa mudou, pois passei a me cuidar e amar mais. Considero importante pensarmos que somos uma tríade: mente, corpo e espírito. Com esse pensamento, passei a alimentar cada dia mais esses três aspectos no meu dia a dia. A prática de meditação e yoga foram essenciais, bem como a conexão profunda com minha espiritualidade, pois trouxeram mais leveza e sentido para a minha vida. A partir do ponto que comecei a olhar de forma mais autêntica e ampliada para mim, passei a perceber os sinais, como quando algo não ia bem com minha saúde etc. Com isso, consegui encontrar formas de reequilibrar tais aspectos e me permitir pausar, descansar e praticar o autocuidado.

A partir da busca constante por evolução pessoal, busquei a Psicoterapia Sistêmica de forma ainda mais genuína. Através de imersões, constelação sistêmica e acompanhamento terapêutico com profissionais renomados no campo de desenvolvimento pessoal e da psicoterapia, foi possível encontrar a leveza que faltava no meu dia a dia, pois eu achava que tinha que dar conta de tudo, o tempo todo, sozinha e não me permitia pedir ajuda e fazer pausas, tentava ser "forte" o tempo todo, e sofri com as consequências de agir assim. Por isso, meu trabalho com mulheres e autoestima é tão significativo para mim, pois é o que faz o meu coração vibrar ao perceber que posso auxiliar outras mulheres a enxergarem o seu real valor e se conectarem novamente à sua real essência, obtendo assim mais qualidade de vida.

Como é libertador olhar para si e reconhecer que não tem problema errar, que tudo bem pedir ajuda e se permitir ser ajudada e acolhida. Por muitas vezes eu tive grande dificuldade em me colocar neste lugar.

Em muitas situações, aceitamos muito menos do que merecemos, pelo simples fato de não termos a consciência do que é bom para nós e o que merecemos de fato. E isso influencia de forma significativa em nossa vida, seja em aspectos profissionais, materiais ou relacionamentos, tanto afetivos quanto em círculos sociais e de amizade.

Quanto mais fortalecida é sua autoestima, mais você acredita que merece o melhor da vida. Assim, deixa de aceitar e se contentar com migalhas. Em muitos casos, a baixa autoestima é a causa de mulheres serem vítimas de abusos emocionais e terem tanta dificuldade de sair dessa situação, se desvincular, de romper com esse padrão de comportamento em suas vidas, porque há uma tendência em escolher sempre companheiros com o mesmo perfil.

Criei para a minha vida e para o meu trabalho a regrinha dos 3 As: autorrespeito, autoamor e autoaceitação. Três palavrinhas simples, porém, por vezes difíceis de colocar em prática sem uma ajuda profissional.

Praticamos o autorrespeito quando olhamos para nós e as situações à nossa volta e conseguimos estabelecermos limites saudáveis, reconhecermos o que é bom e ruim em nossa vida e escolhermos nosso bem-estar em primeiro lugar.

O autoamor é quando você faz por si as mesmas coisas que faz para pessoas que ama. Agir com amor e carinho consigo é respeitar seus ciclos, seu corpo, suas emoções e fazer por si o que lhe agrada com mais frequência. Aqui você pode se perguntar: eu realmente me amo? Como demonstro esse amor?

Colocamos em prática a autoaceitação quando deixamos de lado as críticas pessoais e julgamentos internos que visam um perfeccionismo inalcançável. O que podemos modificar a partir do reconhecimento das pequenas conquistas e vitórias pessoais, aquelas mais simples, que só você sabe. Se você não reconhecer e valorizar o simples, será difícil obter contentamento de forma genuína.

A natureza, as práticas culinárias, as artes em suas mais variadas formas também são meios que podemos aflorar a nossa essência feminina, que quanto mais equilibrada, melhor fica a saúde da mulher, em geral. A espiritualidade, em suas infinitas possibilidades, também proporciona um contato profundo com seu eu interior.

Praticar o autoperdão é de extrema importância para a autoestima, visto que, muitas vezes, nos culpamos por situações que ocorrem em nossas vidas. Além disso, a gratidão também tem um poder incrível de modificar nossa frequência emocional, pois é capaz de mudar crenças e alimentar um aspecto mais positivo em nossa vida, mesmo que esteja passando por situações negativas.

Gosto de enfatizar a importância da constância, no que se refere ao processo de autoconhecimento e psicoterapia, pois sempre temos algo a ser trabalhado, que nos fará compreender as situações externas de forma mais leve e amadurecer com as vivências interpessoais. Como seres humanos, somos todos mutáveis; toda situação que vivenciamos modifica nossa forma de pensar e de se posicionar na vida.

E o caminho de cura e ressignificação é o processo interior, proporcionado a partir da psicoterapia ou mentoria individualizada, em que é possível, de forma subjetiva, entender o contexto e olhar para as feridas emocionais.

Quero deixar aqui um recado para você, que me lê de algum lugar do mundo: espero que você comece hoje a mudar sua forma de olhar para si mesma. Comece a valorizar suas conquistas e cada desafio superado com gratidão! Quando colocamos na rotina apreciar e comemorar as pequenas vitórias, isso pode transformar nossas vidas de forma significativa, pois passamos a olhar o lado bom, a se acolher e apreciar a caminhada, que nem sempre será em linha reta, mas terá suas curvas, adversidades e aflições. Contudo, sempre podemos tirar algo de bom em tudo que ocorre, pois faz parte do que somos e pertence a nossa história de vida. Assim, podemos viver nossos dias com mais leveza e autoconfiança.

"A confiança em si mesma é o segredo para o sucesso. Abrace sua nova versão!"

BRUNA GONTIJO BATISTA

Carolina Fiorentino

É com muita gratidão que me apresento para você.

Sou Carolina Fiorentino e tenho 37 anos. Sou casada com Renan, o amor da minha vida há 22 anos, com quem tenho dois filhos abençoados, Miguel e Pedro.

Sou fisioterapeuta integrativa, CEO da Clínica de Fisioterapia e Pilates Carolina Fiorentino e tenho como missão trazer uma nova consciência sobre olharmos para os pacientes como uma tríade (corpo, mente e espírito).

Palestrante na área da saúde e do autoconhecimento, há sete anos sou semeadora da gratidão, conduzindo mentorias em grupo, de desafios de 21 dias de gratidão. Dessa forma, sigo com o meu propósito de transformar vidas sendo uma trabalhadora da luz.

Que alegria ter você comigo nesta trajetória e, quem sabe, ser um ponto de luz na sua vida através desta escrita.

dracarolfiorentino
+55 (11) 97436-7263

8 O PROCESSO DE AUTOCURA POR MEIO DA TRÍADE

Por Carolina Fiorentino

Antes de começar a contar a minha história através da autocura da tríade, preciso dizer que estou muito grata por poder levar minha voz para o mundo através deste livro, que tem um propósito de transformar vidas com as histórias e experiências de tantas mulheres inspiradoras. Para mim, é uma grande honra e a realização de um sonho ter um capítulo aqui. Eu, como uma verdadeira trabalhadora da luz, fico feliz por poder ser um ponto de luz na sua vida e na das pessoas ao seu redor, pois os conhecimentos que aqui irei transmitir precisam ser compartilhados, para que possamos ter um mundo com pessoas mais felizes, com mais qualidade de vida e menos dores e doenças.

Há 16 anos, me tornei fisioterapeuta, profissão que me realiza todos os dias. Porém, jamais poderia imaginar que ela me levaria a um processo de autoconhecimento tão profundo. Com o objetivo de aliviar ou quem sabe "curar" as dores dos meus pacientes, comecei a incessante busca por métodos e técnicas que pudessem me ajudar a entregar mais resultados a eles.

Sim, eu era uma fisioterapeuta e professora de pilates, abençoada por ter tantos anjos na minha vida em forma de pacientes e alunos, mas a realidade é que muito deles seguiam comigo porque eu sabia acolher, ouvir e, de certa forma, porque transmitia amor e alegria. Porém, em determinado momento, cansei de vê-los indo se tratar com outros profissionais porque eu não conseguia suprir suas expectativas, que no caso era viver sem dor.

Cheguei ao ponto de pensar em desistir da profissão, mas, como eu sempre digo, "do nada" (nunca é do nada, sempre é Deus) a vida me colocou em situações desafiadoras: tive dores, alergias em todo meu corpo e processos emocionais confusos, aparentemente sem causa, para que eu pudesse não apenas ajudar meus pacientes, mas também ser a "prova" e viver na pele o que eles viviam e sentiam.

Nessa época, eu estava começando a mergulhar no meu processo de autocura e descobri que esse processo só tem dia para começar, porque a autocura é uma busca diária e eterna, que depende do quanto você está disposto a buscar o autoconhecimento.

Lembro-me que vivia em um limbo, já com os meus dois filhos nascidos, não me cuidava, não sabia olhar para mim, sentia-me sufocada mesmo estando na profissão que eu amava e tendo uma família maravilhosa. Frequentemente, ia ao pronto-socorro com crises de enxaqueca; fiquei internada com pielonefrite por quatro vezes; caí do telhado, tive três hérnias de disco e cheguei a travar a coluna; tive crises de rinite que não me deixavam dormir e nem respirar direito. Alguns anos depois, passei a ter alergias que causavam em minha pele enormes placas vermelhas que coçavam muito, também sofri com alopecia, e por aí vai.

A questão é que tudo isso que eu passei, na época, não tinha uma causa médica específica, um diagnóstico preciso, apenas aparecia «do nada». Os exames de sangue sempre estavam normais, não era hormonal, simplesmente estava lá. Foi então que, em uma palestra, ouvi a seguinte frase: "Toda dor no corpo físico é gerada por uma dor emocional e/ou espiritual". Ouvir isso foi tirar 50 quilos das minhas costas, porque dessa forma eu poderia me curar. Se conseguisse descobrir qual sofrimento emocional estava me cercando quando tinha essas reações, também poderia tirar o peso da culpa por não conseguir "curar" meus pacientes, afinal, a fisioterapia não trata a dor emocional.

Você já sentiu alguma dor? Enxaqueca, dor de barriga, no estômago, nas costas, ou quem sabe uma dor na garganta, um resfriado? Diante disso, estou aqui para apresentar uma profunda reflexão. Tente se lembrar da última vez que você sentiu uma dor ou que ficou doente. Em seguida, faça uma retrospectiva do que estava acontecendo na sua vida profissional, amorosa, familiar, financeira naquele momento. Se estava prestes a tomar uma decisão difícil ou se havia brigado com alguém. Tenho certeza de que se olhar aquela "caixa preta" em que guardamos as emoções e os sentimentos que não queremos entrar em contato porque nos fazem sofrer, você vai encontrar alguma coisa. E sim, esse também é o motivo pelo qual a sua dor física se instalou em você.

Funciona assim: quando o coração cala, o corpo fala. E entrar em contato com essa verdade foi libertador para mim. Comecei a pensar que já tinha percebido que os meus pacientes tinham dores profundas da alma que eu não consiga acessar e que isso interferia no resultado do tratamento. Porém, só então entendi que não adiantava tratar apenas o corpo físico deles com os melhores métodos e movimentos, se eu não desse a eles a consciência de que o processo de autocura dependia deles se reconhecerem como uma tríade (corpo, mente e espírito).

A dor e a doença sempre trazem um ganho secundário para aquele que as sentem. Em alguma instância, ele se sente mais cuidado, mais protegido, ou para a pessoa fica mais fácil dizer "não", afinal ela está com dor. Enfim, a dor sempre vai nos dizer que algo está errado, que não estamos respeitando nossos limites emocionais, que estamos nos calando e deixando de viver o que realmente nos faz feliz, e isso é chamado de desconexão espiritual.

Essa desconexão não está relacionada à religião, mas sim à sua espiritualidade, que, na minha visão, é viver em conexão com a sua essência, com o que faz você sorrir, é ter fé em si mesmo e ter a certeza de que está cumprindo o seu servir nesse mundo.

Até aqui falei como esse despertar da tríade chegou até a mim, mas agora vou apresentar como criei a habilidade de acessar os meus processos de autocura e como ajudo atualmente centenas de pacientes a viverem sem dor, compreendendo o conceito da tríade.

As últimas reações que tive no meu corpo físico foram alergias com placas vermelhas e alopecia. Na época, eu já tinha entrado em contato com a importância do autoconhecimento para encontrar a verdadeira causa dessas reações do meu corpo e pude usar técnicas que havia aprendido para ajudar mais vidas. E, como em um passe de mágica, consegui fazer todas as manchas do meu corpo sumirem, quando percebi que o que me incomodava era a falta de limites que havia no meu círculo familiar. Eu simplesmente não sabia dizer "não" quando não queria fazer algo, porque fui criada para não machucar as pessoas. Isso fez com que me calasse, muitas vezes, tentando proteger o outro de sofrer.

Mas como acessei isso em mim? Fiz uma retrospectiva do que estava acontecendo quando a primeira mancha apareceu, e foi exatamente no dia em fui para piscina sem querer ir. Eu usei a técnica da respiração consciente para acessar esse dia: simplesmente fechei os olhos e inspirei e expirei por dez vezes, prestando atenção apenas na minha respiração. Foi então que me acalmei e consegui olhar para o que senti na hora que falei "sim" querendo falar "não", e como senti raiva naquele momento. Porém, não coloquei para fora, então meu corpo deu um jeito de colocar.

Ao perceber tudo isso, me dei conta que não estava cuidando de mim, não estava sendo exemplo para os meus pacientes e alunos de pilates. Como falar de saúde e qualidade de vida sem viver isso? Passei a olhar para minha tríade e ajustar tudo que fazia sentido para mim, me curando para ajudar a curar.

Se somos uma tríade, precisamos cuidar desses três corpos para ter uma vida plena, certo? É um conjunto de ações que nos levam a construir uma vida mais saudável. Entendo a saúde não como a ausência da doença, mas como o equilíbrio entre o seu corpo físico, emocional e espiritual.

Deixo aqui para você as ações que usei para começar a transformar minha vida, lembrando que cada um tem a sua forma de fazer as coisas acontecerem. Não sou a dona da verdade, e você precisa encaixar na sua realidade e dentro daquilo que você crê formas para conseguir ter esse equilíbrio, sem esquecer que tudo isso só tem dia para começar.

Atualmente, auxilio pacientes na minha clínica e no Instagram a cuidar da nossa tríade. Será maravilhoso ter você comigo lá, poder saber que leu minha história, que agora já se vê como uma tríade. Segue minha lista de dicas para você cuidar da sua tríade.

- Procure uma atividade física que faça você feliz. Comece com uma caminhada, por exemplo, que traz muitos benefícios para o corpo e a mente.

- Alimente-se o máximo possível de tudo que vem da natureza.

• Beba água, ela é a fonte da vida.

• Pratique a gratidão. Essa palavra tem um poder imensurável, já transformou minha vida e de muitos que me cercam. Eu utilizo a técnica do diário da gratidão: todos os dias de noite escrevo pelo menos dez motivos pelos quais eu sou grata. Isso me ajuda a colocar o foco em todas as bençãos que tenho e esqueço das reclamações, afinal, a reclamação pode nos adoecer. E a gratidão nos coloca na frequência do amor, e ele tudo cura, tudo transforma.

• Faça pausas durante o seu dia para simplesmente respirar com consciência. Esse simples ato acalma, ajuda no foco e regula várias funções fisiológicas.

• Faça mais coisas que fazem você feliz: dançar, ler, assistir a um filme, ir ao parque etc.

• Procure estar em contato com a natureza, ela provoca uma troca de energia enorme e nos coloca mais perto do Criador.

• Aproveite o poder dos óleos essenciais, da aromaterapia e da cromoterapia. Tudo que vem da natureza traz uma força e um poder de cura enorme.

• Por fim, mantenha sua fé firme, ore, medite, escreva, fale com o Criador, com Deus, com o universo, com quem você acreditar que faz tudo isso girar. A fé cura, transforma e liberta.

A partir de agora, você já pode se reconhecer como um ponto de luz, primeiro na sua vida, trazendo mais leveza e amor para tudo, e depois na vida das pessoas que te cercam, trazendo a eles a consciência de que todos somos uma tríade.

Gratidão profunda por ter você até aqui. Espero você no meu Instagram para continuarmos, juntas, essa história.

"A busca por uma vida plena começa em você se reconhecer como uma tríade (corpo, mente e espírito)."

CAROLINA FIORENTINO

Fonte: Fotógrafo Kersten K. Barth. Schloss Schadau, Suíça.

Cristina Barth

Sou Cristina Barth, nasci em Sorocaba/SP e resido em Zurique, na Suíça. Já morei em quatro países e tive a oportunidade de conhecer diferentes nações. Sou neta em memória; filha do Cosme e da Maria; irmã de sete irmãos (por parte materna e paterna); casada com o Kersten; mãe da Talissa, do Evandro e da Anny.

Sou terapeuta de família, casal e individual, Profissional & Self – (PSC) e tenho especializações no Brasil e na Europa em Ciência do Comportamento Humano e Sustentabilidade. Bacharel em Administração de Empresas. membro titular da ATF-RJ e ABRATEF. Formação em Terapia Familiar Breve no Núcleo Pesquisas Moises Groisman. Atualmente, estudo os conceitos do Carl G. Jung e de Murray Bowen.

cristinabarth.terapeuta
cristina.s.barth@gmail.com
+41 79 827 6575

9 JORNADA CIENTÍFICO--ESPIRITUAL PARA O AUTOCONHECIMENTO

Por Cristina Barth

1 Tudo tem o seu tempo determinado,
e há tempo para todo o propósito debaixo do céu.
4 Tempo de chorar, e tempo de rir; tempo de prantear,
e tempo de dançar;
8 tempo de amar, e tempo de odiar; tempo de guerra,
e tempo de paz.
Eclesiastes 3:1-4-8

Gostaria de começar contando um pouco da minha história, sem reservas, pois naquilo que somos curadas esvazia-se a necessidade de omitir, ocultar ou mascarar. Durante muitos anos, me senti um corpo errante, vagando pelo mundo. Havia um constante vazio, como se existisse um buraco negro dentro de mim. Nada fazia sentido. Cheguei a questionar a razão de existir e, por vezes, concluí que melhor seria ter tido o direito de não nascer.

Quando tive a oportunidade de mudar de país, acreditei que seria a solução dos meus problemas. Viver numa nova nação, com uma nova cultura. Pensei que todo meu sofrimento cessaria. Ledo engano. Passei anos tentando construir uma imagem baseada em coisas advindas de conquistas materiais. Minha imagem externa mudou, assim como o acesso aos bens de consumo. À essa altura, residia numa casa luxuosa na Alemanha, tinha carros de luxo e joias. Consegui concluir minha formação acadêmica. Ainda assim, o vazio permanecia. Como um pêndulo que oscila, tão logo ficasse feliz por uma nova conquista, em pouco tempo já não me satisfazia e voltava ao lugar da frustração. Não conseguia me sentir plena. Era uma fracassada. Tamanha insatisfação consistia, em verdade, numa tristeza da alma (como dizem alguns).

A falta do autoconhecimento nos cega. Conheci o verdadeiro amor que lança fora todo medo e, através do Espírito Santo, recebi a chave que me introduziu na jornada científica e espiritual do autoconhecimento, um movimento que me tirou da condição da frustração e insatisfação e me levou a uma posição de superação.

Nasci em uma família disfuncional, o que gerou marcas profundas desde a infância. Era uma menina doce, medrosa, tímida, calma e quietinha. Como se diz popularmente: "Tinha boca, mas não falava". Meus pais se separaram quando eu tinha 9 anos e, desde cedo, assumi papéis que não eram meus no sistema familiar. Fui a primogênita entre as mulheres e carreguei um peso de responsabilidade que roubou a minha infância e juventude.

Dr. Nathan Ackerman afirma que a família é a primeira e a principal instituição formadora do indivíduo. Sendo a família o primeiro grupo social ao qual o indivíduo pertence e no qual estabelece as principais relações significativas. As vozes familiares ficam registradas em nossa mente e modelam nossa identidade, muitas vezes baseada em opiniões humanas desassociadas da modelagem original do Criador, pois, como o Salmo 139 cita, no verso 6, Deus nos conheceu antes, Ele é o Autor da nossa vida: "Os teus olhos viram o meu corpo ainda informe; e no teu livro todas estas coisas foram escritas; as quais em continuação foram formadas, quando nem ainda uma delas havia" (Salmo 139:6).

Durante minha jornada como estudante, esposa, mãe, do lar e emigrante, foram tantas experiências (boas e ruins)! Passei pelo luto no meu primeiro casamento, ficando viúva ainda muito jovem. No segundo casamento, a ruptura deu-se pelo divórcio. Atualmente, sou casada pela terceira vez; já estamos juntos há quase quinze anos. Mas compreendo que todas essas vivências fizeram de mim um ser humano em evolução e essa evolução é transformada primeiramente ao cuidar de mim com a mesma dedicação e afeto que ofereço aos outros.

Aos 16 anos, casei-me e engravidei. Fui mãe pela primeira vez aos 17 anos e tive o segundo filho aos 18 anos. O meu primeiro esposo era adicto e sofri muitas agressões, porém, quando estava sóbrio, era muito gentil e atencioso. Ele faleceu após sete anos de casamento. Fiquei viúva aos 23 anos, com dois filhos pequenos.

Hoje, como terapeuta familiar, tenho a compreensão de que os comportamentos do meu primeiro marido estavam diretamente relacionados a problemas familiares dele, não enfrentados e tratados, mas sem a clareza de entendimento que hoje tenho, não pude ajudá-lo à época.

Passei pelo segundo casamento sem ter outros filhos. A minha filha mais nova nasceu quando eu estava com 32 anos, fruto do meu atual casamento.

As consequências desses acontecimentos reverberaram por toda a minha infância, juventude e parte da vida adulta, manifestando-se através de comportamentos e sentimentos de baixa autoestima, ansiedade, depressão pós-parto, sentimento de menos valia, autossabotagens comportamentais pelo sentimento de não merecimento e não pertencimento, medo de falar em público, culpa por não conseguir resolver os problemas alheios, tentativa de ser a salvadora da família, entre tantos outros.

A propósito, o meu segundo casamento foi diretamente afetado por tais sentimentos e comportamentos. Conheci meu segundo marido em Sorocaba/SP, um alemão que estava em viagem a trabalho no Brasil. Ficamos indo e voltando entre Alemanha e Brasil por alguns meses, até que levei meus filhos e fui morar definitivamente na Europa, depois de dois anos. Casei-me lá e ficamos cerca de quatro anos casados. No entanto, sentia-me muito insegura e não merecedora de estar vivendo aquele relacionamento que aparentemente parecia estar dando certo. Acabamos nos divorciando, pois a falta do autoconhecimento entre ambas as partes nos levou a repetidas autossabotagens, além de alimentar um sentimento em mim de não contentamento.

E mais uma vez a frustração veio. A certeza de que indo morar do outro lado do mundo me faria feliz e plena ruiu. Apenas alguns anos depois fui capaz de acessar o entendimento de que a solução não estava em outras pessoas, lugares e em coisas materiais. Precisava fazer o caminho de volta dentro de mim mesma. Através da jornada do autoconhecimento e do conhecimento da história da minha família de origem, acessei o caminho de cura emocional, pertencimento, individualização e superação.

Quando conheci meu atual esposo, na Alemanha, não levou muito tempo para morarmos juntos e termos nossa filha. Como está escrito em Eclesiastes 3:1-4-8, há tempo para todas as coisas e, dessa vez, foi meu tempo de sorrir:

Tudo tem o seu tempo determinado, e há tempo para todo o propósito debaixo do céu. Tempo de chorar, e tempo de rir; tempo de prantear, e tempo de dançar; tempo de amar, e tempo de odiar; tempo de guerra, e tempo de paz.

Nesse período, comecei uma jornada com Cristo, o que me levou ao desejo de oficializar aquela união, a despeito das experiências pretéritas. Como já afirmado nesse texto, o verdadeiro amor lança fora todo medo. Casei-me, pela terceira vez, e fui sendo transformada a cada dia, pela renovação do meu entendimento, como está registrado em Romanos 12.

Alguns anos depois, por volta dos 40 anos, vivenciei uma situação complicada e desafiadora com minha primogênita. Nesse contexto, através de duas amigas cristãs, que conheci em 2016 em Israel, tive acesso ao conhecimento da terapia sistêmica familiar e minha jornada de cura e autoconhecimento se solidificou de vez.

Comecei minha primeira formação em terapia sistêmica, seguida pelo curso de *coach* e, desde então, não parei de estudar. O autoconhecimento, para Carl Gustav Jung, é "conhecer o lado escuro que existe em nós e que vemos projetado no outro e a chave para a cura é olhar para dentro". No mundo de fora, há relações que nos afetam para o bem ou para o mal. Temos em nós a capacidade para realizar todos os sonhos quando corrigimos nossa visão de nós mesmos e nosso propósito de vida.

Tive a especial oportunidade de ser associada da Associação de Terapia de Família do Rio de Janeiro (ATF-RJ) e da Associação Brasileira de Terapia Familiar (Abratef), o que me levou a um nível mais profundo de maturidade e conhecimento. Pude participar com assiduidade de muitos encontros *online*, conversas, *workshops*, terapias coletivas e supervisões de atendimentos. Assim, tive meu conhecimento ampliado e entendi as diferentes formas de abordagens e possibilidades terapêuticas. Não tenho um Golias, mas tenho meus gigantes, contudo, todas as lutas travadas com eles me tornaram um ser humano mais consciente e em constante evolução.

Aos poucos fui reconectando as pontes do meu passado, ressignificando as marcas, fazendo rituais e despedidas, necessários para cada situação. Aceitar ter nascido dos meus pais e depois ter nascido para mim mesma foi libertador. Isentar meus pais de todos meus julgamentos, minhas expectativas e exigências, que superariam o que se pode esperar de dois seres humanos, assim como eu, imperfeitos e com suas qualidades e seus defeitos, foi o ato mais nobre que tive em toda a minha existência.

Hoje, consigo ter um relacionamento de filha do Cosme e da Maria ajustado e, dessa forma, posso ser melhor filha do Deus Pai Celestial amado. Escolher pertencer e diferenciar da minha família de origem foi a minha virada de chave para a libertação, que me fez sair do lugar de paralisação do umbigo da família para o umbigo do mundo. Só consegui conectar à fé em Deus e ser genuína depois que me reconectei com a minha família e perdoei meus pais. Ainda existem alguns ajustes a serem feitos, porém, hoje, com muito mais leveza. Escolher perdoar é libertador, é a chamada de chave que concede a liberação para a alma ser livre de qualquer julgamento ou sentença; através do perdão, o que era pesado torna-se leve, traz o sentimento de que não devemos nada a ninguém e ninguém nada nos deve. O maior beneficiado sempre será o que perdoa. Exponho um curto trecho do poema de A. Nervo: "Vida, nada me deves! Vida, estamos em paz!"

Convido você a se unir a mim nessa jornada de autoconhecimento, em busca de uma identidade sarada. Hoje, posso escrever que sinto orgulho de me olhar no espelho e ver no que aquela menina, adolescente e adulta se transformou através do autoconhecimento. Decida, hoje, investir em si mesma como uma prova do seu amor-próprio. Transforme sua existência através do seu pertencimento e diferenciação da sua família de origem. Com a ajuda do conhecimento de si, descubra seu propósito de vida.

É tempo de se amar, é tempo de desfrutar de uma vida plena e abundante.

"Todos nós nascemos com a chave dentro de cada um, que precisamos virar para abrir a porta que nos levará ao autoconhecimento e à cura interior."

CRISTINA BARTH

Cristina Lírio

Sou Cristina Lírio, natural de Macaé/RJ, mãe de duas meninas lindas, Ester Lírio, 15 anos, e Rafaela Lírio, 9 anos.

Sou psicóloga clínica e organizacional, escritora, especialista em terapia cognitivo comportamental (TCC), empresária e tenho meu consultório psicológico. Também sou formada em Pedagogia, Administração de Empresas e sou técnica em Mecânica.

Sou protagonista da minha própria história e aprendi que todos os obstáculos que enfrentei foram para que eu evoluísse e aprendesse a lidar com minhas emoções. Hoje, analiso que todos as pedras em meu caminho que utilizei para criar pontes. Meu desejo é impactar muitas mulheres que necessitam de ajuda, utilizando a sororidade e a empatia que, no processo da vida, necessitamos ressignificar constantemente.

psi.crislirio

Cristina Lírio

cristinaliriopsicologa@gmail.com

+55 (22) 99856-4966

10 O DESPERTAR DO MERECIMENTO

Por Cristina Lirio

Uma noite com o céu lindo e com muitas estrelas... Lá estava eu... Olhando para o céu, com um visual lindo, do alto do bairro Geribá, na cidade de Búzios/RJ. Uma imagem que ficará fotografada em minha memória. Ali, eu tinha o som e a beleza do mar, à noite.

Por um momento, eu enxerguei que era merecedora de tudo aquilo, mesmo sendo momentâneo, mas eu me permitir estar ali e enxergar o quanto nós mulheres nos prendemos, nos sujeitamos e nos silenciamos para viver uma vida a qual não era o que esperávamos.

O retrato que trago é que sou mãe – tenho duas filhas – e comecei um relacionamento aos meus 14 anos, quando conheci o pai das minhas filhas. Renunciei muitas oportunidades para estar no mundo da família e por ser um sonho meu. Mãe aos 20 anos, aprendi, na dor, a responsabilidade de enfrentar desafios, objetivos, luto, perdas e dores. Tão Jovem, aos 16 anos, iniciei minha carreira como estagiária em uma empresa que prestava serviços para a Petrobras, em Macaé/RJ. Então, a partir desse momento, me permiti conhecer o mundo *offshore* e *onshore*. Eu tinha o sentimento de ser muito pequena naquele ambiente, no qual eu não entendia sobre manuseio de equipamentos, movimentação de cargas, torpedo, *skid*, eslinga etc.

Aquela jovem foi efetivada e veio o mundo real de que poderia estar onde ela mais sonhou. Foi ali que relembrei um passeio com meu pai e ao visualizar o Porto de Imbetiba, onde fica a Petrobras, fiz um pedido apenas. O pedido foi bem baixinho, no ouvido dele: “Pai, eu ainda vou trabalhar ali. Você terá orgulho de mim!”. Ele sempre acreditou que eu iria me destacar profissionalmente, mas tinha uma pontinha de medo de que eu pudesse colocar tudo para fora com um pensamento errado ou uma ação. Ou seja, eu poderia perder todos os meus sonhos e planos se eu agisse na emoção... Mas sempre acreditou nos meus sonhos e planos. Era fantástica a nossa ligação.

Hoje, o despertar do merecimento nos ajuda a entender que merecemos o melhor deste mundo. Merecemos ter pessoas incríveis ao nosso lado, receber elogios, receber presentes, seja ele objeto ou afeto. Caso não recebamos o melhor, o que fazer?

A vida é um processo e, em nossa trajetória de vida, muitas vezes nós não aceitamos os "nãos" que a vida nos dá. Na Psicologia, a frustração faz parte da vida de cada indivíduo, precisamos enfrentar cada emoção, seja ela positiva ou negativa, sentimentos ruins, tudo de forma equilibrada. No entanto, para entendermos quem somos e como chegamos, percebemos que enfrentamos diversos obstáculos no caminho e a vida é essa. O segredo da vida é não nos desesperarmos por algo que pode ser resolvido. "Mas, Cristina, como será resolvido?". Tudo tem uma saída, a única saída que não existe é para a morte. Quando morremos, não existe outra chance de reconstruirmos e refazermos as nossas vidas.

Nessa trajetória de vida, tive muitas dificuldades, encontrei pessoas ruins que se fizeram de boas, mas, na realidade, eu me frustrei pois temos uma péssima mania de criar expectativas, as pessoas nos decepcionam, gostam de nos ver tristes e se satisfazem com as nossas dores. Sim, existem pessoas com o coração pesado, ruins, que carregam suas dores e traumas e transferem para nós, gerando dores profundas, em que ficam marcas para o resto da vida.

Quem gostaria de receber um abraço? Presentes? Elogios? Atenção? Quantas vezes nos colocamos em segundo plano? Quantas vezes deixamos nossa essência e nos moldamos para nos encaixarmos na rotina e vida de outra pessoa? Precisamos entender que somos protagonistas da nossa vida, da nossa história, e nos permitirmos nos torna mais corajosas para tentar. "Tentar" é uma palavra que me atrai com o mesmo significado da palavra "coragem". Ser corajosa nos torna mais fortalecidas quando tudo ocorre bem nos nossos planos; mas, quando eles não dão certo, acabamos não entendendo o real motivo.

A importância de termos inteligência emocional nos ajuda a compreender os processos da vida e entendermos que não estávamos prontos para receber algo naquele momento, mas isso não quer dizer que devamos desistir daquilo que almejamos. Para esse entendimento e compreensão, é preciso estar em terapia em dia. A Psicologia nos ajuda a quebrar muitos paradigmas e enxergar que somos importantes para nós mesmos.

Naquele momento em Geribá, eu parei no tempo e pude ver que eu mereço muito mais e que nós mulheres merecemos muito mais. O índice de divórcios aumentou, nos dias atuais, porque muitas mulheres não aceitam mais se sujeitarem a determinadas ações que antes aceitavam. Hoje, amadurecemos, e viver de migalhas não é mais a nossa meta. Muitos maridos não querem sair da zona de conforto para se ajustarem na relação, muitos duvidam do que as mulheres podem fazer, talvez por subestimá-las. Também digo isso para algumas mulheres que precisam despertar para o ajuste da relação.

Mulheres, se valorizem! Se amem! Nós somos lindas, inteligentes, incríveis e especiais. Eu, como psicóloga, sugiro que precisamos nos olhar em primeiro lugar. Existem muitas mulheres que não se enxergam por terem baixa autoestima. Enquanto não desconstruirmos esse pensamento, sempre iremos ficar em segundo plano na vida de alguém, em nossas metas, em nossos objetivos. Não aceite estar em segundo plano, aceite estar como protagonista de sua história. Você é a única pessoa que pode fazer diferente na sua vida. Sabe por quê?

Se você não for sua maior prioridade, não estará pronta para o novo, para que possa receber o merecimento. Consegue desconstruir esse pensamento? Consegue entender que você é única e privilegiada por estar neste mundo fazendo sua melhor história? Lidar com o processo de forma racional não é fácil, mas sim sendo bem compreendida e nos livrando da culpa. Por que as mulheres se culpam tanto? Por quanto tempo iremos nos martirizar por algo que não depende e nunca dependerá de nós?

O grande medo de muitas mulheres é tentar mudar de emprego, tentar mudar de área, tentar sair de uma relação falida, tentar ser mãe solo, tentar lutar por um relacionamento que pode dar certo ou que pode dar errado. Mas quem disse que sempre dá certo quando tentamos? Não existe magia, mas existe persistência.

Lidar com as frustrações, muitas vezes, traz danos, decepções, dores, mágoas e raiva em determinados momentos, mas sentir tudo isso é sinal de que estamos vivas, não é mesmo? Muitas vezes, criamos problemas com a nossa própria mente e o conflito é conosco mesmo. Pode ter certeza de que a briga interna é grande.

Sabe aquele "bom dia" inesperado? Ou aquele abraço sobre o qual achamos que o interesse é sempre o sexo? Mas na realidade não é! O afeto, a nossa música preferida quando cantam para a gente? Aquele abraço caloroso? Aquele olhar em que só duas pessoas conseguem se conectar, sem dar uma única palavra? Isso move qualquer mulher, isso move o coração daquela mulher que tanto se feriu, que tanto foi magoada e que tanto foi insultada por uma relação que não a cabia mais.

Sugiro que feche os olhos por 3 minutos e pense em sua vida. Você tem momentos felizes? Você aceita receber coisas boas? Costumo dizer em consultório para meus pacientes que não existe felicidade e sim momentos felizes. E você, vive esses momentos?

Viver momentos felizes é como encontrar pequenos tesouros espalhados ao longo da estrada da vida. São instantes que nos fazem sorrir, que aquecem nossos corações e nos lembram da beleza que está presente em cada momento, por mais simples que seja. Esses momentos podem ser encontrados nas coisas mais cotidianas, como uma conversa animada com um amigo(a), um pôr do sol deslumbrante, o aroma de um café fresco pela manhã ou o som da risada de uma criança. Eles são como pequenos raios de sol que perfuram as nuvens escuras, nos dias mais sombrios, trazendo calor e esperança para nossas vidas. A beleza dos momentos felizes está na efemeridade, na capacidade de nos surpreender e nos cativar, mesmo nos momentos mais inesperados. São como borboletas coloridas que dançam ao redor de nós, trazendo alegria e leveza para nossos dias.

É importante cultivar uma mentalidade de gratidão e estarmos abertas para reconhecer e apreciar esses momentos, por menores que sejam. Pois são eles que enriquecem nossa jornada, nos fazem sentir vivas e nos lembram da importância de saborearmos cada instante da vida. Quando olhamos para trás, são os momentos felizes que se destacam em nossas memórias, que nos fazem sorrir e sentir saudade. Eles são como estrelas brilhantes que iluminam o céu da nossa história, guiando-nos através dos altos e baixos da vida. Portanto, celebre cada momento feliz, valorize-o e compartilhe-o com aqueles que ama. Pois são esses momentos que fazem a vida valer a pena, que nos lembram da beleza que está presente em cada esquina e que nos enchem de gratidão pelo presente que é viver.

"Você é protagonista da sua própria história."

CRISTINA LÍRIO

Cristiane Schiesari

Sou a Cris, filha do Dilson e da Lili e neta da Nena e do Roque, que era um poeta nato. Paulistana de nascimento, moro atualmente em Joinville/SC.

Estudante de espiritualidade há mais de 30 anos e de *reiki* há quinze anos. Tornei-me terapeuta há oito anos, depois de uma transição de carreira forçada devido a crises de ansiedade e de perdas familiares.

Sou terapeuta fitoenergética, terapeuta floral certificada em 5 Sistemas Florais, com base na psicossomática, e consteladora espiritual certificada no Método Werner, o método que me trouxe cura, leveza e libertação das dores de alma. Assim, passei a levar a cura para meus clientes, com o olhar sistêmico, psicológico e espiritual.

cris.terapeutaoficial

Cristiane Dorta Schiesari Alves

cdortaalves@gmail.com

+55 (47) 98443-8825

11 CURANDO AS DORES DA MINHA ALMA FAMILIAR

Por Cristiane Schiesari

Eu tinha o sonho de ser modelo quando era jovem. Mas, aos 20 anos, esse sonho se perdeu. Um trágico acidente de automóvel na volta do meu baile de formatura roubou essa chance e levou consigo um namorado, tínhamos oito meses de relacionamento.

Foi difícil. E muito! Mas cada acontecimento tem um motivo que, na maioria das vezes, só vamos entender depois. "Por que eu?", eu pensava. Dois meses após o acidente, meus dois avôs, o materno e o paterno, faleceram na mesma semana. E mais uma vez me questionei, só que agora era "por que não eu?" Sim, todo mundo ia embora, partia. O que eu ainda tinha para fazer aqui? Por que eu não parti?

Minha busca então começou. Estudos, cursos, tratamentos médicos e espirituais. Eu sabia que tudo isso tinha relação com a minha missão de vida. Tive que fazer muita fisioterapia e três cirurgias na face depois do acidente. Quando me olhava no espelho, não era mais a mesma Cris de antes. Foi difícil aceitar, não nego. Os conteúdos acessados, as memórias que vieram à tona... Só mesmo alguém que buscasse olhar para dentro de forma integral poderia entender e aceitar. Afinal, somos corpo, mente e espírito.

O tempo passou; eu estava tentando ser feliz e resgatar a alegria de uma jovem que adorava dançar, passear e cantar. Esse foi um dos pedidos que meu pai me fez depois do acidente. Minha mãe esteve incansável ao meu lado ao longo dos anos, durante os tratamentos, com muito cuidado, carinho, afeto e amor.

Pouco mais de sete anos depois, conheci meu marido. Um rapaz tímido, fino, amável, com um brilho nos olhos que falou com minha alma.

No mesmo ano, minha avó materna adoeceu e faleceu também. Até hoje, brinco que esse ano teve até nome de filme: *Quatro casamentos e um funeral.* Assim foi o ano em que nos conhecemos. Dois anos depois, nos casamos! Esse era o segundo casamento dele; no primeiro casamento, ele teve dois filhos. Enfrentamos muitas coisas juntos: a minha família, a família dele, conciliamos namoro e filhos e outras interferências do dia a dia.

Logo nasceu nossa primeira filha e, com isso, uma nova mudança na rotina e mais um ser para dividir a atenção e amar. Era a primeira neta da minha família, trouxe uma alegria imensa, principalmente aos meus pais, que já tinham dois netos. Ela era o xodó do vovô, a única que deixava o meu pai descabelado.

Em 2008, meu pai nos deixou. Foi tudo tão rápido que não tive tempo de respirar. Mais uma mudança de rotina, agora minha mãe precisava mais da nossa atenção. Mas o contrário também aconteceu. Ela passou a me ajudar com minha filha, que era uma forma dela se ocupar também. Entre viagens, passeios e cuidados, a nossa vida seguiu. E o luto se estendeu. Perdi um pai carinhoso, que dava "abraço de urso".

Sobre a minha vida profissional que eu tanto amo, na época, era secretaria bilíngue em um grande banco em São Paulo. Depois da partida do meu pai, fui convidada para assumir a posição de secretária da diretoria, o que foi um grande presente para mim. Meu chefe era um paizão, que me ensinou muitas coisas e reconhecia em mim a profissional que eu era.

Engravidei do meu segundo filho. Durante a gravidez, meu enteado veio morar conosco. De repente, pulei de dois para três filhos, e, mais uma vez, surgiram mudanças. Além do bebê a caminho, tinha minha filha e um pré-adolescente em casa. Nada fácil para uma mulher que, além de mãe, era esposa, dona de casa e, futuramente, voltaria para o trabalho.

Quando achava que mais nada de novo poderia acontecer, recebi uma nova oportunidade profissional. O mesmo chefe que me promoveu, convidou-me para fazer parte de seu time em outra instituição. Como queria crescer profissionalmente, aceitei. Afinal, quando um cresce, a família cresce também.

Minha mãe continuou me ajudando com meus filhos, ela era uma parceira e tanto. Nesta época, minha filha ficava meio período na escola e meu filho ficava o dia todo. E todo dia era aquela rotina de buscá-los na minha mãe e depois ir para casa e começar os preparativos para o dia seguinte.

O estresse veio, não tinha como evitar. Afinal, trabalhar longe de casa, enfrentar um trânsito de mais de uma hora e meia, buscar os filhos, voltar para casa, marido, casa, pré-adolescente... E eu que achava que daria conta de tudo, falhei. Estava no trabalho, pensava nos filhos. Estava com os filhos, o celular não me deixava desconectar.

Eu me via muito grande depois de ter superado o trauma do acidente e achava que podia salvar a todos. Os filhos com demandas da escola, o enteado que ficava sozinho, os problemas de família, a tia que quebrou o pé, o tio que ficou doente. A insônia veio. Já fazia uso de terapias chamadas alternativas ou integrativas, de *reiki*, massagem, florais, homeopatia, entre outras, mas só me traziam alívio temporário. Foi quando percebi que precisava de um psiquiatra. Lembro-me que a primeira frase que disse para o psiquiatra foi: "Já vou avisando que não vou tomar remédio para o resto da vida". Foi um período muito difícil, minha cabeça não parava. Tive que fazer terapia e tomar medicação. Acabei precisando me afastar da empresa. Só de pensar no trânsito e no trabalho, começava a me sentir mal.

Seis meses depois, minha mãe faleceu. Voltar para o trabalho já não era mais uma opção. Meu marido já tinha me sinalizado para sair, antes da "bomba explodir". Com o apoio dele e com as reservas que tinha, pedi demissão. Uma decisão muito difícil, afinal, o meu grande sonho chegava ao fim.

Este ano completa oito anos que moramos em Joinville, foi a melhor coisa que nos aconteceu. O trabalho do meu marido foi transferido para essa cidade e claro que aceitei a mudança. Ela se fazia necessária. Novas dores e oportunidades surgiram. Eu me tornei terapeuta fitoenergética, montando tratamento com ervas, chás e sprays e aplicando o *reiki*. Nessa época, já fazia atendimentos *online* e presencial.

Fizemos novos amigos e as crianças passaram a amar a cidade. Passeamos muito por Santa Catarina, conhecendo as belas praias e lindas cidades, como Pomerode, Blumenau e Nova Trento.

Voltei a estudar e, com a pandemia, passei a atender com os florais também. Aliás, amo as flores que, além de belas, trazem sua energia de cura. Sim, as flores curam! Também estudei as Constelações Tradicionais, para trazer mais expansão ao meu trabalho. Com toda discussão que esse tema envolve, buscava algo que me trouxesse segurança e amparo. Nesse meio tempo, contraí dengue, e uma dor insistente se alojou em meu corpo. Dormia e acordava com a mesma dor. Fui ao médico, tomei vitaminas, fiz massagens, florais e nada adiantava. Eu não estava em paz.

Foi aí que a Fernanda Werner (canalizadora do Método Werner) surgiu. Ela me perguntou: "Onde foi que você perdeu a paz da sua alma?". Como ela sabia disso? Com tantas vivências difíceis que tive ao longo dos anos, tantas perdas, eu já nem sabia mais para onde eu estava olhando e a alma dela falava comigo. Senti que ali tinha algo que eu busquei a minha vida inteira. Ali começou meu processo de cura.

A imagem de Saint Germain era uma confirmação. Ele que traz a luz violeta, que é a cor do nosso sétimo chacra, o espiritual. Eu me senti amparada, senti que tinha que beber mais daquela fonte. Com os estudos, comecei a entender o porquê das minhas dores, foi quando iniciei meu processo de autocura com as constelações guiadas.

Pensei nos meus pais e percebi que ainda havia dor e julgamento, mesmo depois de tantos anos. Foi depois de uma harmonização com ancestrais e se desconectando dos mortos do meu sistema familiar que minhas dores cessaram. Sim, muitas das dores que carregamos não são nossas. Estamos conectados aos nossos pais, ancestrais ou aqueles que não puderam ter a oportunidade de viver a vida que temos. Por amar tanto eles, nos ligamos e nos aprisionamos. Repetimos suas dores, os fechamos para a vida, não nos permitimos ser felizes. Impactamos nosso corpo e nossa alma.

Com o método, tive a oportunidade de olhar para a minha vida inteira desde a preconcepção, passando por todas as fases, até a vida adulta. Aqui, diferente dos outros métodos, você tem um tratamento de cura acelerada, para dar fechamentos a traumas ou situações que não foram bem resolvidas dentro de si. Era tudo o que eu buscava. O estresse que minha mãe passou na gestação, memórias traumáticas na escola, a menstruação na adolescência, tudo que perdi desde o acidente: meus avós, meus pais, meus tios, até a saída difícil do meu trabalho, entre outros.

É possível tratar todas essas questões. Isso tudo é inconsciente, isso é o Campo Espiritual. Falando um pouco das leis sistêmicas e espirituais, primeiro, temos sempre que honrar quem veio antes: nossos pais, avós, bisavós, irmãos mais velhos, primeira(o) esposa(o), segunda(o) esposa(o), primeiro chefe, e assim por diante. E honrar não é abaixar a cabeça, é considerar que cada um viveu em um tempo diferente e tem uma consciência diferente. Cada ser humano é único e devemos respeitá-lo por isso. Segundo, todos fazem parte. Aqui não se trata de certo ou errado, bom ou mal. Cada um traz uma bagagem de vida. Todos devem ser incluídos, porque se eu não reconheço o outro como parte de meu sistema, a exclusão que eu faço retorna de alguma forma para compensar o sistema familiar. Pude reconhecer, também, que estava fora do meu lugar, querendo ser a salvadora – termo comum usado na constelação –, vendo-me maior que todos.

Só conseguimos ajudar quem quer se ajudado, quem busca ajuda ou toma a decisão de se curar, para que haja equilíbrio no sistema.

No Método Werner, temos a quarta força sistêmica, que é a rendição. Não posso mudar o meu passado, mas posso escolher fazer um futuro diferente. E eu escolhi fazer diferente! Eu não desisti de mim, da minha história. Eu reconheço que todo o caminho de dor me fez ser quem eu sou. Hoje, posso contribuir e ajudar outras pessoas a se curarem.

E eu te pergunto: Você está em paz com o seu passado? Tem algo ou alguém que você precisa perdoar? É feliz em seu relacionamento? É feliz em seu trabalho? Qual dor você carrega que não é sua? Como seria estar no seu lugar certo, seu lugar de força e leveza?

Desejar se curar é um ato de amor!. Eu honro sua história!

"Olhar para dentro pode ser muito desafiador e libertador, ao mesmo tempo. Onde está a sua dor, está a sua cura."

CRISTIANE SCHIESARI

Daniela Alves Soares

Sou Daniela Alves Soares, tenho 53 anos, sou mãe da Júlia e Laísa e natural de São José dos Campos//SP. Sou mestre em Fisiologia do Exercício e pós-graduada em Gestão de Pessoas, Neurociências, Master Coach Internacional.

Sou fisioterapeuta e atuo com a Microfisioterapia, Terapia Manual Evolutiva e Leitura Biológica. Em 2024, fundei a Escola de Terapias/Treinamentos Byo.mind.

Sou apaixonada por desvendar o universo do comportamento humano e das emoções. Fui professora universitária por dez anos, atendi inúmeros casos e formei outros fisioterapeutas. Excelente profissional, mas incapaz de tomar decisões importantes em relação a minha própria vida e trilhar meus caminhos. Não foi fácil chegar até aqui, mas hoje me considero imparável.

@microfisioterapia.sjc

@byo.mind

danielalvesoares@uol.com.br

12 NOSSO CORPO REFLETE A NOSSA HISTÓRIA

Por Daniela Alves Soares

Em meados de 2019, aos meus 48 anos de idade, em meio a crises de dores lombares e com três a quatro episódios de enxaqueca por ano, que me acompanhavam desde 2009, estava retornando de São Paulo com minha filha caçula, quando me ouvi dizendo uma frase que me impactou, mas transformou minha vida. Chorei copiosamente após dizer que gostaria que alguém me tirasse e me jogasse de cima do meu muro da impotência, que para qualquer lado que caísse, estaria bom. Pasmem, eu estava dando o controle, as rédeas de minha vida para qualquer pessoa. Isso me fez refletir, dei um basta e busquei ajuda; sim, precisamos de uma rede de apoio quando as coisas desmoronam. Meus sintomas físicos eram um reflexo, uma bandeira vermelha a se investigar, meu corpo estava dando o alerta, enviando-me sinais, falando comigo e eu não o compreendia.

Em 2011, iniciei um processo de busca da minha verdade interior; fiz cursos de autoconhecimento, desenvolvimento pessoal, coach, terapia e busquei me formar em terapias integrativas que olham o ser humano como um todo, sem dissociar mente, corpo e espírito. Em 2009, comecei a perceber que não conseguia lidar com minhas emoções e meus comportamentos, eram dores físicas e emocionais que me acompanhavam, não conseguia sair desse emaranhado e empilhamento de conflitos. Levei dez longos anos para começar meu processo. É desgastante não saber o que fazer, humilhante não entender o nosso próprio universo e devastador não saber como recalcular nossa trajetória.

Qual é a sua dificuldade? Qual é o desafio que você está enfrentando? Seja qual for, é o medo que nos paralisa, é ele que nos congela ou nos faz agir de forma intempestiva. Ele nos acompanha, nos sonda o tempo todo e sussurra em nossos ouvidos e, assim, entendemos que não somos capazes de sair da impotência e da solidão.

Eu me sentia assim: em cima do muro, com uma tremenda dificuldade em me movimentar e tomar decisões. Para mim, era mais fácil olhar, entender e cuidar das dificuldades do outro do que das minhas, estava sempre à disposição. Era um mecanismo de sobrevivência, de fuga, para não olhar para os grilhões que me mantinham presa em cima desse muro solitário, incapaz de descer, de me impor e de decidir qual caminho tomar. Esse medo de agir congela, traz sintomas físicos, nos impede de alavancar nossa carreira, relacionamentos e de viver grandiosamente.

Temos uma enorme dificuldade em vasculhar nosso mundo interno. Eu descia nos porões da minha mente e não conseguia nem acender a luz para iluminar a vastidão de caixas e mais caixas amontoadas e desorganizadas, que dirá arrumá-las. Era impossível. Ia até certo ponto e voltava, por quê? Para não perder o controle, não sofrer, e isso me levava para o desespero sufocante de não saber para onde ir. A vida estava passando e não agir era minha estratégia de sobrevivência. Meu cérebro entendia dessa forma, era um mecanismo protetor e meu corpo pagava um preço enorme, pois refletia minha história.

Escrevendo isso e olhando de fora, vejo o quão aterrador foi viver tanto tempo assim. Talvez seja assim com você, ou parecido, talvez ainda a sua dificuldade seja continuar no caminho que escolheu, mas repare que o medo está ali, como um predador a espreitar com olhos esbugalhados, esperando para enterrar suas garras afiadas e dilacerar nossos sonhos. É esse mesmo medo que coloca as amarras apertadas e nos assola lenta e cruelmente.

Quando eu ouvia a frase "mais vale uma má decisão do que uma indecisão", eu não concordava, pois eu não conseguia agir dessa forma por medo. Vamos refletir: para alguns, é fácil e prático decidir, vão colher o que definiram como caminho. Entretanto, para mim, sempre foi temeroso. Eu precisava me sentir segura, por isso ficar em cima do muro parecia a escolha certa. Por mais fácil que fosse, eu pensava, repensava, remoía e pedia (em raríssimas exceções) uma opinião.

É importante dizer que estou falando de questões pessoais, pois, no meu trabalho, eu era outra pessoa. Era confiante, segura e dava conta de tudo muito bem.

Eu tinha três problemas: a insegurança, o medo de ficar sozinha e a dificuldade em pedir ajuda. Fui em busca de soluções e, hoje, compreendo e ajudo meus pacientes a entenderem que o nosso cérebro só quer nos manter vivos, é um modo de sobrevivência intrínseco e inerente a todos os animais, é somente um modo arcaico de proteção. Biologicamente falando, os conflitos, os traumas, ou, como chamamos, o choque biológico, são gerados a partir de três sinais: primeiro, se a situação vivida pegou você de surpresa, gerou um medo e grandes inseguranças; segundo,a impotência; e por último, a solidão. Olhando para minha história, entendi que era muito mais emocional que cognitivo, entendi que conhecimento de mundo eu tinha, vinha de fora para dentro, mas faltava clareza, um mergulho em minhas entranhas para fazer o inverso: ir de dentro para fora, olhar minha história e transformar minhas percepções.

Sabe quando virei definitivamente a chave e desci do muro? Quando entendi que a vida ia me colocar em situações relacionais e temáticas parecidas, quantas vezes fossem necessárias, até que eu realmente associasse meus sintomas com minhas percepções e mudasse a mecânica de como meu cérebro interpretaria essa nova forma de agir. Foi aí que mudei minha realidade. Isso eu consegui através das 5 Leis Biológicas, que utilizo como ferramenta em meus atendimentos online e presencial e foi, sem demagogia, um processo muito rápido e eficaz.

Ao passarmos pelo processo, internalizamos, enxergamos os pontos cegos e é neste momento que surgem as ações, os movimentos diferentes de vida. Quando você ressignifica, a coisa acontece. Não adianta só pensar positivo, é preciso agir de forma diferente, pois o pensamento vem das programações mentais adquiridas ao longo da nossa trajetória e está enraizado nas nossas crenças. Caso contrário, os resultados serão sempre os mesmos e, deste modo, repetiremos ciclos. Foi assim que entendi meus ciclos dos 48, 38, 28, 18 anos, mas essa é uma outra história.

Essas programações mentais são da nossa infância e podem ser culturais, étnicas, dos nossos cuidadores, do inconsciente coletivo, do ambiente e transgeracionais. Repetimos padrões por sermos fiéis a esse sistema, foi o que aprendemos, fomos domesticados. Revisite suas memórias, veja como sua mãe, seu pai, seus avós, seus tios, seus irmãos viveram/vivem, você pode estar repetindo essas histórias. Tudo o que queremos é sermos validados, nossa criança ferida busca isso. Essa construção de padrões cria nossa realidade: acreditamos que não somos merecedores, que somos ineficazes, insuficientes, inadequados; e isso gera ansiedade e estresse. A partir dessa realidade enraizada nas crenças, criamos um pensamento que gera um sentimento, e esse sentimento leva a uma emoção e a uma ação, que é o resultado que obtemos.

Quando o pensamento é negativo, o sentimento será ruim, gerará dor ou medo e a ação poderá ser reclamar, congelar; estresse e sintomas físicos, como enxaquecas, dores de estômago, refluxo. E qual é o resultado? Mais do mesmo. Você quer continuar nesse ciclo de desvalorizações, incapacidades, medo e sintomas físicos? Creio que não, você nasceu para ser feliz e não precisa levar décadas para transformar verdadeiramente a sua vida.

Há dois caminhos: mudar através da repetição de padrões que durará uma vida e gerará frustrações ou através de um resultado emocional, ressignificando seus conflitos e agindo diferente. Precisamos expandir nossa consciência para termos sucesso na vida, com menos ansiedade e estresse e abraçar nossos medos. A maioria do nosso sofrimento vem do baixo nível de consciência. Quando esse nível de consciência aumenta, geramos um novo aprendizado que vai nos permitir ter sabedoria (de dentro para fora), entende? Com uma atitude certa, podemos virar o jogo e essa atitude deve ser baseada na consciência, na percepção. Com as ferramentas corretas, iremos para outro nível de evolução. A falta de resultado vem de ciclos de repetição, até você olhar para ele.

Até quando você vai querer aliviar os sintomas em vez de tratar a causa? Até quando vai ser refém dos seus sintomas? Não sei em qual momento da vida você está, quais são seus anseios e suas batalhas internas. Sei que realmente pode ser muito desafiador e trabalhoso, mas é possível sair da solidão, da impotência, descer do muro e agir; é um alívio de corpo e alma, te garanto! O prazer e a leveza eu tenho agora, mas foi preciso abrir o peito, descer no meu porão, abrir as caixas e olhar dentro delas. Acabou? De forma alguma, é preciso voltar sempre para limpar, reorganizar, renomear e até mesmo colocar em um cantinho aquelas caixas que não fazem mais sentido em nossas vidas, mas que fazem os pontos se ligarem, nos lembram quem somos e em qual momento de vida nos encontramos. Não apagamos essas marcas, estão lá para nos fortalecer nesse ponto da jornada, que é o agora.

Aprenda a olhar para si mesmo. Coloque seu "CPF" no pedestal, você é única, abrace seus medos. A mudança acontece e está ao seu alcance. Entenda que o impedimento vem de dentro. Quando finalmente entender isso, mudará seu caminho. Compreender como meus pensamentos, minhas emoções e minhas experiências se manifestavam em meu corpo me ajudou a tomar ações diferentes e assertivas, para alcançar o patamar de uma vida leve, que tenho muito orgulho.

Nunca se esqueça que devemos nos priorizar antes de exercermos os nossos diversos papéis. Precisei das Leis Biológicas para conseguir enxergar meus pontos cegos e entendi que para evoluir é preciso ousar, para ousar é preciso se desafiar, e o desafio lhe move, lhe tira do congelamento e da própria escassez. Faça emergir uma outra versão sua, posso ajudá-lo a recalcular a rota. Que tal olharmos para você? Aqui, somos mãos que cuidam.

"Para evoluir é preciso ousar, para ousar é preciso se desafiar, e o desafio te move, te tira do congelamento e da própria escassez."

DANIELA ALVES SOARES

Dany Rodrígues

Meu nome é Dany Rodrígues. Sou terapeuta, esteticista, escritora, mentora de mulheres, arquiteta e mãe de três filhos. Também sou criadora do Mulheres em Sintonia.

Minha essência é curiosa, estudiosa, apaixonada por pessoas e pela vida. Ao longo da vida, tive episódios de depressão, crises de ansiedade, vivi processos de dúvidas, frustrações, falta de propósito e sensação de incapacidade. Felizmente, esses dias ficaram no passado, quando decidi mudar e mergulhar no autoconhecimento, desenvolvendo o físico, emocional e espiritual.

Desenvolvimento pessoal e amor-próprio são tópicos que precisamos trabalhar todos os dias, se quisermos crescer como pessoas e transformar nossa vida. Comecei cuidando de mim e agora ajudo outras mulheres a cuidarem de si.

dannycristinerodrigues
mulheresemsintonia

13 QUANDO VOCÊ ESCOLHE E DECIDE SE AMAR, O AMOR TRANSFORMA VOCÊ

Por Dany Rodrigues

Quando falamos de tempo e de amor, estamos falando de dois elementos valiosíssimos para uma vida plena, e, muitas vezes, não damos o devido valor por estarmos mais no modo sobrevivência do que, de fato, vivendo. Então, vemos o tempo passar e não encontramos tempo de nos amarmos, o que, a propósito, é o tema deste livro. Gostaria de convidar você para se abrir para a sua jornada e, talvez, ao ouvir a minha história de percepção sobre como resgatei o amor por mim mesma, eu possa ajudá-la a viver um novo tempo, um tempo em que, ao escolher se amar, o amor irá transformá-la.

Por volta dos meus 30 anos, acompanhei meu filho em uma consulta e o médico me disse: "Mãe, você precisa olhar para si. A maneira como você vai chegar aos 40 anos será decisiva para como você deseja viver os melhores anos da sua vida». Eu estava bem acima do meu peso ideal e tinha um diagnóstico de depressão. Depois de um tempo, comecei a ter dores fortes no corpo e fui diagnosticada com fibromialgia. Eu não vivia por um propósito. Arrisco dizer que, até aquele momento, nunca tive consciência de que vivia buscando me encaixar em "caixinhas" para receber a aprovação dos outros e ser amada, para agradar a todos, mesmo que para isso eu me desagradasse. Em resumo, não tinha consciência de que vivia a minha vida para os outros.

Durante a minha jornada, busquei fazer inúmeras mudanças externas, na esperança de encontrar a tão falada plenitude. Fazia mudanças constantemente no cabelo, no estilo de me vestir, mudei de casa e até de profissões, mas a verdade é que essas mudanças atendiam mais as demandas externas do que internas. Por um tempo, essas mudanças me faziam feliz, mas logo essa sensação ia embora e eu ficava infeliz, sem propósito, confusa emocionalmente, insatisfeita. Mas, acabava engolindo essas emoções, afinal, aos olhos do mundo eu tinha uma vida boa, por que estava reclamando?

Sou arquiteta e no nascimento da minha segunda filha dei uma pausa na vida profissional para me dedicar à maternidade. Mas pausar a vida profissional me deixou infeliz, então fui estudar estética. Tinha vontade de ter um espaço para "cuidar de mulheres", começando por mim mesma. Nesse meio tempo, tive minha terceira filha. Mesmo com ela ainda bebê, decidi abrir um consultório, em que atendia sozinha com horários agendados e flexíveis, para intercalar com a maternidade. Acabei aumentando minha sobrecarga diária, mas atender mulheres me fazia bem.

Ao atender diferentes mulheres e ouvir suas histórias, comecei a notar que o mesmo tratamento estético tinha resultados diferentes nas pessoas. Percebi que as mulheres que estavam mais equilibradas emocionalmente obtinham melhores resultados. Essa percepção me fez notar que a maioria das mulheres que atendia tinham sérios problemas com a autoimagem, inclusive eu.

A depressão e fibromialgia continuavam a fazer parte da minha vida e eu não sabia mais o que fazer para melhorar. Isso afetava todas as áreas da minha vida, porque não me sentia feliz. Decidi não aceitar mais aquela situação. Mesmo em meio a minha rotina corrida, comecei a buscar tempo para me cuidar.

Iniciei pela yoga, com a professora Vanessa, porque disseram que seria bom para a fibromialgia. No início, foi bem desafiador, mas começou a fazer bem para a minha mente e meu corpo. Nesse período, conheci uma reflexoterapeuta, a Marcia. Ficamos amigas e ela me propôs uma troca de serviços: eu fazia drenagem nela e ela fazia a reflexoterapia em mim. Nunca tinha me permitido tirar um tempo para me cuidar e aquele momento era precioso para mim.

Além da sensação de bem-estar, algo diferente começou a acontecer. Em quatro meses, consegui parar de tomar os remédios controlados, a dor da fibromialgia não estava mais tão forte e a depressão não tinha mais poder sobre mim. Comecei a me enxergar e me sentir bem comigo mesma. Eu não conseguia ter clareza de todo o processo, então decidi fazer a formação em reflexoterapia, porque queria levar isso para as minhas clientes e para o mundo.

Ao iniciar o curso, que é vivencial (aproveito para expressar toda a gratidão e amor ao Daniel e à Érica, meus mestres), senti um processo tão forte internamente, que refletiu no externo. Emagreci 17 quilos, logo nos primeiros meses. Foi leve seguir a dieta da nutricionista; eu rejuvenesci, comecei a me olhar de uma forma diferente. Foi um divisor de águas na minha vida, iniciei um capítulo completamente novo e sentia que quem escrevia ele era eu.

Logo, minhas clientes da estética começaram a lotar a minha agenda, queriam viver essa jornada também. Que alegria! Meu coração vibrava ao vivenciar as transformações delas também. Passei a chamá-las de interagentes, em vez de clientes, porque nossas sessões eram interativas e transformadoras.

Você deve estar pensando: “Agora, sim! A Dany encontrou a plenitude, a paz, a felicidade que ela procurava!”, afinal, eu estava magra, com a agenda cheia, realizada, com uma família linda. O que mais eu precisava? Quando falamos de uma pessoa assim, entendemos que sua autoestima está alta e que ela se ama, mas foi exatamente aí que me perdi no meu processo. Comecei a viver novos desafios, e desafios muito intensos, que me fizeram enxergar o quanto o amor-próprio era extremamente frágil. Tive diagnóstico de transtorno de ansiedade generalizada. Esses desafios me levaram a tantas questões emocionais intensas que acabei por fechar o meu espaço de atendimento. Comecei a me aprofundar ainda mais no autoconhecimento, a ler livros sobre neurociência, metafísica, física quântica, somando às inúmeras formações e especializações em terapias diversas que já tinha.

Entendi que tudo que estava passando naquele momento culminava na pior parte da minha vida. Precisei confrontar e conhecer meu lado sombra, algo que foi bem desconfortável, mas ao mesmo tempo foi libertador, afinal, como podemos amar de verdade alguém que não conhecemos a fundo? E, então, na pior fase da minha vida, conheci o fundamento de tudo, o amor.

Quando hoje falo de plenitude, entendo que não tem como cuidarmos de nós se não trabalharmos a tríade: corpo, mente e espírito, e sem o amor, nada se sustenta por muito tempo. Então vamos falar sobre ele.

Descobri com a minha jornada que não era necessário buscar o amor. A verdade é que ele sempre esteve dentro de mim, nasceu comigo, mas, através de rótulos, críticas, julgamentos, criei barreiras contra ele, então, vivia buscando fora o que já existia aqui dentro. E é essa busca no "lugar errado" que causa a maior parte do nosso sofrimento.

"Não há temor no amor, mas o amor perfeito lança fora o medo; porque o medo traz tormento. Aquele que teme não é perfeito em amor" (João 4:18). Muitas vezes, a barreira que criamos em relação ao amor, o verdadeiro amor que vem de Deus, e que é genuíno, está baseada no medo, está no medo de não ser aceita, medo de não ser aprovada, medo de não ser boa o bastante, medo de errar, medo de ser julgada, medo de ser você, medo, medo... E, por mais que consigamos cuidar do nosso corpo, se estivermos vivenciando algum tipo de medo interno, a gente não dá vazão para o amor de forma genuína. Esse foi o meu primeiro aprendizado, tive que aprender a lidar com os meus medos em relação ao externo e em relação ao que eu criei na minha mente, para que o verdadeiro amor começasse a fazer parte da minha vida.

Quero aproveitar e lançar uma reflexão para você: "Você já parou para analisar se suas escolhas e decisões estão baseadas no medo ou no amor?". O amor traz liberdade de ser quem se é, traz paz, alegria, vivacidade, gratidão. O amor é expansão... O medo está relacionado com escolhas baseadas em crenças, rótulos, em não ser boa o bastante, em tensão, em preocupação com o que os outros pensam.

Quando amamos nosso Criador e aceitamos o amor que Ele tem por nós, temos o amor mais poderoso, mais genuíno que podemos dar e receber. É amar aquele que nos criou, que nos projetou, que nos fez perfeitas e que nos aprovou. Ele nos aprova. Ele nos conhece antes de nossos pais saberem da nossa existência. Somos fruto do sonho de nosso Criador! Então, automaticamente, aprendemos a nos amar, porque somos imagem e semelhança Dele. Somos criadas por Ele, somos amadas por Ele.

Leia o parágrafo anterior quantas vezes for necessário, tire um tempo para se amar, dê vazão para receber esse amor que vem direto da fonte, feche os olhos e permita sentir esse amor em cada célula do seu corpo. Pode ser que você comece a sentir um calorzinho invadir seu coração, uma corrente elétrica passar pelo seu corpo ou pequenos arrepios. Só sinta.

Começamos a descobrir que o amor é muito mais profundo do que tínhamos percepção. Muitas vezes o confundimos com estar desejando sermos aceitas, aprovadas por outra pessoa, e fazemos de tudo para agradar o outro, distorcemos a nossa autoestima, nos colocamos em posição inferior às outras pessoas. Então, acabamos por achar que isso é amor, quando na verdade não é. Não é amor pelo outro nem por nós mesmas. E viver assim é estar em um sofrimento silencioso.

A pedra fundamental é o amor, e isso fica claro porque Deus é o próprio Amor. E por Ele ser o próprio Amor, quando entendemos que somos imagem e semelhança Dele, somos em essência também o próprio Amor. Quando decidimos e escolhemos nos amar de verdade, tudo ao nosso redor se transforma, porque o amor é capaz de transformar tudo! Escolher e decidir se amar é escolher ter um encontro com a paz e o bem-estar!

Hoje, minha missão é auxiliar mulheres nessa jornada de encontro com o amor-próprio, para que tudo se transforme em suas vidas, seus corpos, sua felicidade, sua leveza, sua beleza, e que tenham abundância, paz, alegria, plenitude, gratidão.

Não sei em que parte da sua jornada você se encontra, mas tenho convicção em dizer que a melhor escolha e decisão a se fazer é se conhecer, escolher e decidir se amar, porque o amor cura a sua vida e tudo se transforma.

"Porque o amor é capaz de transformar tudo! Escolher e decidir se amar é escolher ter um encontro com a paz e o bem-estar."

DANY RODRIGUES

Eduarda Martins Pereira

Sou Eduarda Martins Pereira, nasci em Vila Chã, uma pequena aldeia em Portugal, e moro em Matosinhos, que também fica em Portugal.

Sou mentora de mulheres e palestrante nas áreas de desenvolvimento pessoal, mentalidade, constelações familiares, autoconhecimento e espiritualidade, com múltiplas formações em todas essas áreas.

Tenho licenciatura, pós-graduação e mestrado em Direito, exerço a advocacia há mais de quinze anos e fui aprovada com distinção na Ordem dos Advogados em Portugal. Sou CEO de duas empresas e sou formadora na área do Direito.

Hoje vivo a melhor fase da minha vida, mas nem sempre foi assim. Através do autoconhecimento, consegui descobrir o poder da vida que sempre existiu dentro de mim.

meduardampereira

meduardampereira@gmail.com

14 O PODER DA VIDA

Por Eduarda Martins Pereira

Nasci no coração de uma família humilde, em uma pequena aldeia piscatória em Portugal. Na minha família, o trabalho sempre foi visto como a maior prioridade, no qual devemos colocar o nosso maior foco, dedicação e tempo, mesmo que isso implique abdicarmos da nossa vida pessoal e do nosso bem-estar. Fui ensinada que, sem esforço e sem sacrifício, não conquistamos nada na vida, e eu acreditei cegamente nisso.

Sonhava em ter uma vida mais livre e abundante e viver experiências diferentes daquelas que a minha família tinha e, na minha cabeça, só havia uma forma: trabalhar e sacrificar-me. E foi o que fiz. Estudei e trabalhei arduamente. Conquistei tudo o que me propus e atingi o que julgava ser o topo.

Fiz licenciatura, pós-graduação e mestrado em Direito e fui aprovada com distinção na Ordem dos Advogados. Comecei a trabalhar e destaquei-me como uma advogada de excelência. Aos 33 anos, cheguei aonde sonhei: era sócia e administradora de uma sociedade de advogados e tinha uma equipe trabalhando para mim.

O dinheiro que conquistava era utilizado para viajar para diferentes países, ficar hospedada em hotéis 5 estrelas, ir a restaurantes com estrela Michelin, comprar bens materiais, todas experiências complexas que me deixavam maravilhada.

Achava que isso era o sucesso máximo na vida.

Não tinha limites, fazia o que fosse preciso para atingir o que me propunha, mesmo que isso custasse a minha saúde, a minha vida pessoal e o meu bem-estar.

Era tão produtiva e focada no trabalho que deixei de saber quem eu era, do que gostava, o que queria para a minha vida, se era feliz e o que ia dentro do meu coração. Parar, ouvir-me e sentir não eram opções. Não tinha tempo para isso. Porém, quanto mais conquistava, mais triste, longe de mim, perdida e vazia me sentia. Por mais que a experiência vivida fosse inacreditável, faltava sempre alguma coisa.

Até que olhei para a minha vida e verifiquei que não tinha conquistado mais nada além da profissão e do dinheiro.

Na procura de uma mudança, fui para o oposto: trabalhava cada vez menos, saía para festas a toda a hora, viajava, bebia, namorava... Depositava a minha felicidade em outras pessoas e situações externas. Porém, a sensação de vazio ficou ainda mais forte! Eu não me sentia parte de nada nem de ninguém, só queria estar onde não estava, e acreditava que algo, que fosse acontecer no futuro, iria mudar esse meu desespero interno. Mas ele só aumentava, tendo chegado ao ponto de todos os dias desejar e pedir a Deus para morrer! Não aguentava mais sentir essa dor que dilacerava o meu coração. A vida para mim não fazia sentido, não me sentia parte deste planeta, sentia-me desorientada, incompreendida, perdida, sem motivos para viver! O desespero e o vazio eram muito profundos.

Nesse momento, só tinha uma de duas soluções: viver ou morrer. Tomei a decisão de viver e fui procurar o caminho.

Fiz cursos de xamanismo, mentalidade, constelações familiares e retiros espirituais.

Fazia tudo o que fosse plausível para sair daquele lugar e me curar. Vivi dez anos em um único ano de tão imersa que fiquei nestes conhecimentos e vivências que salvaram a minha vida. Fiz uma longa, dolorosa, profunda e intensa viagem para dentro de mim e foi a melhor viagem da minha vida. Encontrei-me dentro de mim!

Foi aí que entendi que tudo o que procurava fora, só poderia encontrar dentro. Nessa viagem, descobri-me, conheci-me, morri e renasci várias vezes, aprendi, senti, vi a vida com outro olhar...

Descobri que a verdadeira felicidade não está nas coisas complexas, mas nas simples: contato com a natureza, abraçar as pessoas que amamos, jantar em família, brincar com o nosso animal de estimação, o Sol batendo no rosto, a água do mar percorrendo o nosso corpo, caminhar descalça na areia da praia...

Senti-me ridícula. Afinal, passei a vida toda me sacrificando para ter coisas e experiências complexas para ser feliz e essa felicidade é de graça? Aprendi que a natureza cura e nos dá tudo o que precisamos para viver, que o amor é a solução para tudo e que se pode aprender pelo amor e não só pela dor!

Recuperei a minha fé, vi e senti Deus e o divino dentro de mim e em tudo e todos. Passei a amar-me e a respeitar-me cada dia mais e a ver a minha vida como a maior benção e dádiva que Deus me deu. Descobri que a melhor forma que tenho de agradecer a Deus por acordar todos os dias é aproveitar a vida, ter alegria no coração, cuidar de mim e passar essa vibração para o mundo.

A felicidade não está na ausência de momentos tristes, mas em ter dentro do coração uma alegria de viver e uma fé que transformam qualquer momento ruim em algo muito pequeno perante o fato de estar viva. A forma como olho para a vida e a percepção que tenho de cada coisa muda completamente o modo como me sinto perante cada situação.

Aprendi que a maior parte das vezes eu não quero desistir de tudo, apenas preciso descansar que o amanhã chegará, e tudo o que me parecia gigante e pesado, passa a ser relativo.

Nada justifica a minha preocupação e devo sempre priorizar o meu bem-estar, porque não tem como as coisas darem errado quando dentro de nós está tudo certo.

Não há fórmulas mágicas para o bem-estar, o segredo é fazer o básico bem-feito: conexão com Deus, alimentação saudável, exercício físico, sono de qualidade, contato com a natureza, silêncio, estar com pessoas que amamos, ouvir a nossa alma, permitir-nos sentir e fazer o que gostamos.

Todos somos seres naturalmente saudáveis, com vitalidade, energia e disposição. As doenças são uma exceção criada por nós próprios, nossas escolhas diárias, nossos pensamentos e emoções.

Todos temos o poder da vida dentro de nós. Só precisamos despertá-lo, aceder e usá-lo. Ninguém é limitado na sua essência, apenas acreditamos nisso e agimos em conformidade.

Há poder mais forte, potente e lindo que o poder da vida? Eu não conheço. Você não precisa ganhar saúde porque essa já tem naturalmente, apenas precisa se atentar para não fragilizar ou comprometer o estado natural do seu corpo com as suas escolhas. E isso é um trabalho diário e constante, mas compensador.

A nossa mente e os nossos pensamentos são um dos maiores poderes que Deus nos deu. Através deles, criamos a nossa realidade, mesmo que de forma inconsciente. Cabe a nós sabermos usá-los a nosso favor e, com isso, alcançar a vida que tanto desejamos viver.

A família é a base de tudo e é quem sempre estará lá aconteça o que acontecer. É nos nossos pais que recarregamos a nossa energia e o nosso amor, e é essencial fazer isso com frequência para seguirmos nutridos e preenchidos para o mundo e não ficarmos carentes e dependentes emocionalmente de outros.

Deus criou-nos para sermos seres naturalmente abundantes e colocou tudo à nossa disposição para isso. A escassez foi inventada pelo homem.

Tudo na natureza é abundante e nós fazemos parte dela. Não há uma razão para sermos diferentes de todo o resto e sermos seres limitados e escassos!

Deus criou-nos à sua imagem e semelhança para sermos seres criadores, abundantes e plenos. Isso é natural, não precisamos de qualquer esforço ou sacrifício para sermos abundantes, basta aceder a nós próprios, usarmos corretamente os nossos pensamentos e acolher a nossa verdadeira essência que o resto vem.

Com tudo isto, passei a olhar e a cuidar de mim como nunca tinha feito... E voltei a amar-me. Foi a melhor sensação da minha vida!

Percebi que, se estiver eu e Deus, não preciso de mais nada para ser feliz e que a minha maior força está na minha vulnerabilidade e na minha capacidade de sentir.

A vida é simples, muito mais simples do que algum dia acreditei ser possível. Não procure a sua felicidade nas coisas complexas, ela está escondida nas simples. Viva, aproveita e desfruta da sua vida. É a melhor forma que tem de agradecer a Deus pela benção e pela dádiva maior que Ele lhe deu que é a sua vida.

Hoje vivo a melhor fase da minha vida, encontro a felicidade dentro de mim e nas coisas mais simples do dia a dia, tenho muito cuidado com o meu corpo, com a minha mente, com o meu espírito, com as escolhas que faço, com os pensamentos que tenho e com o que decido alimentar dentro e fora de mim.

Isso não significa que não experiencio momentos ruins, mas tenho o mais importante: o autoconhecimento que me permite saber com muita rapidez e precisão o que está gerando esse mal-estar e quais as estratégias que preciso adotar para voltar para o bem-estar. O autoconhecimento é a base de tudo.

Quando cheguei a esta fase da minha vida, comecei a transbordar o que tinha dentro de mim, todos os conhecimentos, vivências e experiências e percebi que o mundo parava para me ouvir com atenção e pedia sempre mais.

A minha alma e o meu coração começaram a despertar para a possibilidade de poder ajudar outras pessoas com a minha história, com as minhas aprendizagens, com o meu sentir e viver, da mesma forma que outras me ajudaram nesta caminhada. Sendo advogada e tendo uma carreira de sucesso há mais de quinze anos, recusei muitas vezes essa ideia. Mas a minha alma começou a gritar e eu me rendi!

Neste momento, consigo entender o porquê de ter passado por tudo o que passei e da forma intensa e no limite que foi. Precisei aprender a valorizar a vida.

Hoje inspiro outras mulheres a despertarem o **poder da vida**, tornando-se mais livres, seguras, femininas, tendo maior autoestima, e criarem a vida que sonham viver.

Ser um canal, uma ponte entre o humano e o divino, e servir ao outro passou a ser o que move o meu coração e o que me aproxima cada dia mais de Deus e da minha cura e transformação que ocorrerão até o último dia da minha existência física.

Se a minha história inspirou você e sente que posso ajudá-la a despertar o poder da vida que existe e sempre existiu aí dentro e que possibilitará criar e viver a vida dos seus sonhos, entre no meu Instagram e participe da comunidade de mulheres maravilhosas que foi criada ao redor deste movimento.

Vamos juntas criar a vida dos seus sonhos?

"Todos temos o poder da vida dentro de nós. Só precisamos despertá-lo, aceder e usá-lo."

EDUARDA MARTINS PEREIRA

Gisele Caroline Veiga de Andrade

Sou Gisele, bisneta de Mariquinha e Marcolina, neta de Carolina e Maria Soledade, filha de Margarida, e, com muito orgulho, levo minha ancestralidade para onde vou, atuo e me ancoro. Sou esposa do Hélio Rodrigues, madrasta do Ulisses, mãe do Mateus e da Catarina.

Secretária de formação; terapeuta fitoenergética e reikiana, aconselhadora biográfica e pedagoga curativa em formação; estudiosa da antroposofia por amor ao humano.

Depois que minha filha nasceu, em 2017, fui em busca de mim mesma, sem nem saber ao certo o que e como faria. Hoje tenho convicção da minha missão de vida: auxiliar as pessoas a encontrarem o seu próprio caminho com saúde física, anímica e espiritual.

partilhaintuitiva

gisele.veiga@gmail.com

+55 (11) 98166-2858

15 A VIDA ACONTECE NOS ENCONTROS

Por Gisele Caroline Veiga de Andrade

Era início do ano de 2018, já estava para retornar ao trabalho depois da minha segunda licença-maternidade; Catarina tinha quase 8 meses de vida. Eu, em pleno puerpério, sem nem saber que era esse o nome do que me abatia dia após dia, buscava de todas as formas me sentir bem comigo mesma, mas não adiantava. Eu me olhava no espelho e não me reconhecia. Nem a melhor roupa e maquiagem me faziam gostar do que eu via refletido naquele espelho: aquela não era eu. Então, fiz algumas perguntas para aquela imagem refletida: "Qual é o seu propósito? O que move você? O que você veio fazer neste mundo?" A única resposta que eu ouvia pulsando dentro de mim era: "Não sei". Foi muito angustiante e doloroso perceber que tinha chegado ao ponto de ser uma estranha para mim mesma.

Para compreender como cheguei a este momento presente, precisei, inicialmente, olhar meu passado, minha trajetória até ali. Fazendo esse exercício, pude colecionar diversos momentos em que renunciei àquilo que queria, gostava e até precisava, em prol do que mais amava: minha família. Perdi as contas de quantas vezes deixei de ir em um *happy hour* ou outras celebrações com amigas e colegas de trabalho, porque achava que seria pedir demais à minha mãe que ficasse com as crianças mais um pouquinho à noite.

Lembro-me de quando parei de fazer um curso aos sábados porque meu marido se chateou um dia. E de tanto buscar atender as demandas da família, por amor, eu acabei renunciando a mim mesma e me perdi da minha essência, daquilo que realmente era.

Meu primeiro passo rumo ao meu resgate pessoal foi me reconectar com a imagem do espelho. Para isso, fui atrás de uma consultoria de imagem e estilo. Eu tinha um certo preconceito com esse tipo de consultoria, achava que era algo fútil e supérfluo, mas ao buscar profissionais da área, encontrei a Sara Külzer. Com ela, comecei minha transformação de fora para dentro. Os primeiros exercícios foram, praticamente, uma sessão de terapia: responder perguntas sobre que imagem eu queria passar, como as pessoas me viam, como eu me via, enfim, foi um movimento muito potente de olhar para mim e buscar quem era ou quem eu queria ser. Tivemos muitas conversas que foram além de uma consultoria de imagem, compartilhamos histórias e incômodos, e a Sara, até hoje, me inspira a buscar a minha melhor versão. Ao final, o objetivo foi alcançado. Quando me olhava no espelho, conseguia ver a mulher que sou. Isso me trouxe segurança, confiança e uma alegria imensa. Poder retornar ao trabalho com esses sentimentos foi muito importante neste meu caminho de reconquista de mim mesma.

No trabalho, me coloquei, pela primeira vez, em posição de protagonista, mesmo sem saber ao certo para onde eu queria ir. Eu sabia o que não queria mais, então já era um começo. Comecei a me movimentar para conhecer outras áreas, respirar novos ares. Busquei novas parcerias, mentoras e projetos. Sempre gostei de trabalhar com projetos, processos, sistemas, e foi com esse trabalho que fui galgando novas oportunidades dentro da empresa.

Meu objetivo era me fazer conhecer, deixar claro que eu buscava novas áreas e, assim, ter aliados nesse processo de transição. Para isso, precisei me desvencilhar do medo de errar e ser julgada pelas minhas ideias e opiniões, começar aos poucos a trazer aquilo que acreditava ser a minha contribuição genuína naquilo que estava trabalhando. Muitas vezes, incomodei por questionar ou discordar, seja em casa ou no trabalho. Aliás, incomodar foi o que mais fiz desde o início deste caminho sem volta, que é a busca de quem sou. Primeiro, incomodei-me e quando gostei do que vi, passei a buscar meu espaço, meu tempo, minha opinião, meus limites e objetivos. Estar ao lado de alguém que busca a si mesmo não é fácil, porque a mudança é inevitável, e se ao seu redor você tem pessoas que se acostumaram a te ver como alguém passiva, submissa, elas irão estranhar e se incomodar com os seus "nãos", "por ques" etc. Mas se elas realmente gostam de você, vão adorar ver sua transformação, acredite.

Errei, reconheci, recalculei a rota, segui caminhando. Até que, em 2019, a própria empresa entrou em um período de transformação. Foi quando pensei: é agora ou nunca, ou eu embarco nessa transformação ou vou ficar nesse departamento até me aposentar. Confesso que essa transformação corporativa impulsionou ainda mais a minha individual, porque mudar a forma de se trabalhar também requer um esforço de olhar o rotineiro de outros ângulos e tentar fazer o mesmo de outras formas, o que me tirou completamente da minha zona de conforto. Nessa época, percebi que não estava conseguindo dar conta de caminhar sozinha com minha transformação pessoal e busquei, pela primeira vez, o auxílio de uma psicóloga, a Dra. Ana Paula Mariotto, e comecei a fazer terapia.

Mas todo esse gás novo teve um baque com a pandemia da covid-19. De repente, me vi trancada em casa com minha família. Ninguém saía, o trabalho remoto passou a ser todos os dias. Graças a Deus, eu havia iniciado a terapia, tenho certeza de que sem a psicóloga teria tido um *burnout* em poucos meses. Foi ela quem me ajudou a enxergar crenças limitantes. Com uma simples pergunta, me deixava reflexiva por uma semana. Em cada sessão eu tratava de um aspecto, ora eram os filhos, ora o casamento, ora o trabalho. Tinha *insights* muito importantes sobre mim e como eu levava minhas relações. Lembro-me de quando falei para ela que queria muito costurar algumas coisas, mas que sempre estava em casa com os filhos e que assim não conseguiria. Foi quando ela me perguntou: "Mas você já tentou costurar com eles na sala?" Eu nem havia tentado, mas acreditava que não conseguiria. No dia seguinte, montei a máquina de costura, sentei-me na sala e, enquanto meus filhos brincavam, eu costurava. Foi muito bom ver meus filhos ali, com sua autonomia, e eu costurando para relaxar do dia puxado de trabalho.

Foi durante a pandemia que resgatei um saber ancestral das mulheres da minha família: o cultivo das ervas. Sou neta, bisneta e tataraneta de benzedeiras, erveiras e parteiras. Comecei a cuidar de vasinhos de ervas, resgatar o hábito de tomar chá, fazer escalda-pés e banhos de ervas como um autocuidado. E, nessa toada, me reaproximei de uma colega de faculdade, que hoje é uma grande amiga, a Aline Paranhos. Com ela, resgatei meu Sagrado Feminino, minha Deusa renasceu com as ervas. Com ela, conversei muito sobre a maternidade e sua carga mental, o machismo estrutural, e compartilhei angústias e formas de ver o mundo. Foi essencial cultivar amizades verdadeiras nessa fase. Nesse período, dei início ao resgate da minha espiritualidade, retomei alguns rituais e as ervas só abriram um caminho lindo que hoje estou trilhando.

Com este novo passo interno, comecei a perceber um novo movimento em que o interesse pelo humano é mais importante que qualquer projeto que estivesse trabalhando na empresa. O que me motivava, naquele momento, era facilitar grupos nesse novo formato de trabalho. Mas essa não era minha função principal, o que me fez questionar se queria continuar naquela empresa. E foi assim que, pela primeira vez em 18 anos, comecei a buscar vagas em outras empresas. O mais engraçado era que, naquele momento, eu estava conseguindo atingir meu primeiro objetivo de 2018, estava sendo percebida por outras áreas e ganhando espaço em novos projetos. Mas, ficava cada vez mais claro que ali não era mais o meu lugar. E, como toda empresa em transformação, a reestruturação é inevitável.

Foi quando vi a oportunidade da minha vida e pensei "é agora ou nunca". Fiz as contas e decidi conversar com meu marido sobre sair da empresa, mesmo sem ter um outro emprego ainda. Respirei fundo e contei para ele como estavam as coisas por lá, falei sobre a reestruturação que pairava no ar e minha vontade de sair, mesmo sem ter nada em vista. Estava apreensiva porque os benefícios do meu trabalho eram muito bons e o salário também. Mas tive a grata surpresa de ouvir: "Tudo bem, amor, saia e tire um ano para você". A sensação quando ouvi a resposta dele foi de ter tirado um peso de toneladas das minhas costas, foi como poder respirar profundamente.

Alguns meses após essa conversa, no final de outubro de 2021, despedi-me da minha vida profissional, sem saber o que faria, mas com a certeza de que foi a decisão da minha vida. No dia seguinte à minha saída, fui para um retiro com o único objetivo de desacelerar, começar a sair do ritmo e rotina da vida corporativa. Lá, reencontrei a Fernanda Galliano, uma amiga da época da adolescência, do grupo de jovens da igreja. Ela e mais três amigas guiavam o retiro com meditações, conversas e vivências, que me trouxeram um recado vindo da minha intuição: estude antroposofia. Eu nem sabia o que era, mas, no retiro, conheci a Renata Borges, que estudou sobre isso e me guiou nos primeiros passos, além de se tornar a minha mestre reiki. Hoje somos amigas e parceiras de novos projetos.

Desde 2022, faço duas formações antroposóficas: Pedagogia Curativa e Aconselhamento Biográfico, e o sentimento de ter me encontrado no mundo, na vida, é pleno e muito convicto. As ervas também continuam presentes nos estudos e nas práticas de Terapia Fitoenergética. Costumo dizer que nunca estudei tanto na minha vida, mas nunca fez tanto sentido tudo isso.

Hoje, me olho no espelho e me reconheço, busco a cada passo ser coerente com aquilo que acredito ser o certo e que vai me impulsionar no meu caminho. Gosto do que vejo e priorizo: eu mesma.

Sou grata aos encontros que contribuíram para o meu autorreconhecimento e, em especial, à minha mãe que sempre esteve comigo.

Contar parte da minha biografia reforça meu propósito de ajudar o outro a compreender e ressignificar os acontecimentos da sua biografia e traçar o futuro com coragem e alegria.

"Se alguém me perguntar, hoje, quem é a pessoa que mais amo nesta vida, com toda certeza responderei: eu mesma!"

GISELE CAROLINE VEIGA DE ANDRADE

Gleucy Seully

Sou Dra. Gleucy Seully, fonoaudióloga e coach integral sistêmica. Dedico minha vida a ajudar mulheres a encontrarem sua voz interna e externa, superando desafios e transformando suas vidas. Como mãe de sete, conheço as complexidades da vida familiar e profissional.

Conecte-se comigo em todas as redes sociais para explorarmos juntas o caminho do autoconhecimento e do empoderamento.

dra.gleucyseully

16 DESVENDANDO A JORNADA DO AUTOAMOR

Por Gleucy Seully

No mundo atual, saturado por imagens de vidas perfeitas e padrões inatingíveis, muitas mulheres se veem em uma luta constante contra a autocrítica e a insatisfação pessoal. Este capítulo é um convite à reflexão e ação para você, mulher, que deseja reconectar-se consigo mesma, fortalecer sua autoestima e transformar sua vida de maneira significativa.

O autoamor, embora seja uma aspiração para muitos, é frequentemente obstruído por uma voz interna crítica que nos desafia constantemente e questiona nosso valor. Essa autocrítica pode ser uma reminiscência de vozes passadas – pais, educadores, ex-parceiros – ou mesmo da mídia, que impõe padrões inalcançáveis de sucesso e beleza. Para iniciar a jornada do autoamor, é essencial reconhecer e desafiar esse crítico interno. Uma técnica útil é o diálogo interno positivo, substituindo pensamentos negativos por afirmações que reforçam a autoestima e o valor próprio.

O autoconhecimento é a pedra angular do autoamor. Esse processo envolve uma exploração profunda de suas emoções, desejos e medos. Práticas como a escrita reflexiva, a meditação guiada e até a terapia podem ajudar a revelar e entender as profundezas de seu ser. Essas práticas não apenas aumentam a consciência de si, mas também ajudam a entender melhor como suas experiências passadas moldam suas reações e comportamentos atuais.

Após o autoconhecimento, a autoaceitação se torna o próximo passo. Isso significa aceitar todas as partes de si mesma, inclusive aquelas que você pode considerar imperfeitas ou indesejáveis. A meditação focada na aceitação é uma ferramenta poderosa nessa etapa. Visualizar-se recebendo cada parte de seu ser com compaixão e carinho pode ser transformador e pode ajudar a superar a autorrejeição.

O autocuidado é a manifestação física do autoamor. Envolve cuidar do corpo, da mente e do espírito. Dietas nutritivas, exercícios físicos regulares e técnicas de relaxamento, como yoga e meditação, são fundamentais. Mas o autocuidado também inclui encontrar tempo para *hobbies* e atividades que trazem alegria e renovação. Estabelecer e manter essas práticas como partes inegociáveis de sua rotina é vital para o bem-estar.

Com o autoamor, você estará mais bem equipada para estabelecer e manter relacionamentos saudáveis e enfrentar desafios com resiliência. Aprender a estabelecer limites saudáveis é uma habilidade crucial que o autoamor promove, permitindo que você respeite suas próprias necessidades e ensine aos outros como você deseja ser tratada.

Adotar práticas de autoamor não só melhora sua própria vida, mas também serve como uma fonte de inspiração para outras mulheres. Ao compartilhar suas experiências e estratégias de autoaceitação e crescimento pessoal, você pode incentivá-las a embarcarem em suas próprias jornadas de autoamor.

O autoamor é um processo contínuo e uma prática diária. Ao tratar a si mesma com gentileza, respeito e compaixão, você abre as portas para uma vida de autenticidade, satisfação e alegria.

À medida que avançamos na exploração do autoamor, é essencial iluminar um segmento da maternidade, frequentemente oculto nas sombras do entendimento comum: a jornada das mães atípicas. Durante mais de uma década, no meu consultório, tenho sido testemunha das realidades complexas e profundamente emotivas dessas mulheres extraordinárias, que enfrentam desafios diários ao cuidar de crianças com necessidades especiais. Através de inúmeras sessões, ouvi suas histórias de luta, resiliência e, às vezes, de profunda exaustão.

Diariamente, vejo essas mães chegarem ao consultório carregando o peso do mundo em seus ombros. Elas compartilham suas ansiedades, seus momentos de derrota e suas vitórias – muitas vezes pequenas, mas significativas. Cada conversa reforça a necessidade crucial de cuidar não apenas de suas crianças, mas também de si mesmas. Porém, o autocuidado frequentemente é relegado a um plano inferior, perdido em uma lista interminável de prioridades.

Nessas sessões, ressalto que o autocuidado é fundamental, não opcional. É essencial para manter a saúde mental e física, permitindo que continuem a ser as incríveis cuidadoras que são. A prática do autocuidado e do autoamor nesses casos não é somente sobre bem-estar pessoal; é sobre sobrevivência.

O autocuidado para as mães atípicas pode parecer diferente. Pode ser encontrar momentos de quietude na loucura do dia, desfrutar de uma caminhada solitária para clarear a mente, ou simplesmente permitir-se alguns minutos para tomar um café em paz. Enfatizo que esses pequenos atos de autocuidado são vitais. Eles servem como uma recarga necessária que permite que elas continuem a enfrentar os desafios diários com renovada energia e perspectiva.

Estratégias práticas para incorporar o autoamor

Encorajo as mães atípicas a implementar práticas regulares de autoamor que se integrem em suas rotinas sem parecer mais uma tarefa. Isso inclui:

Meditação e *mindfulness*: iniciar ou terminar o dia com cinco minutos de meditação pode ajudar a centrar os pensamentos e a reduzir o estresse.

Rede de apoio: criar ou participar de grupos de apoio com outras mães que enfrentam desafios semelhantes para se sentir compreendida e apoiada.

Terapia: regularmente consultar um terapeuta para ajudar a processar os sentimentos e as pressões é crucial para a saúde mental.

Celebração de conquistas: fazer uma prática de reconhecer e celebrar não apenas o sucesso dos filhos, mas também o seu como mãe e mulher.

O autoamor e os ambientes cotidianos

O autoamor pode ser uma poderosa ferramenta de transformação nos ambientes que frequentamos. No trabalho, por exemplo, cultivar o autoamor pode ajudar a estabelecer limites saudáveis e promover uma comunicação mais assertiva, podendo influenciar positivamente a cultura organizacional e o bem-estar geral da equipe. Na faculdade, o autoamor pode fortalecer a resiliência frente aos desafios acadêmicos e às pressões sociais, incentivando uma postura mais proativa e menos crítica em relação ao próprio aprendizado.

No ambiente familiar, o impacto do autoamor é ainda mais profundo. Quando nos amamos de verdade, tratamos os outros com mais compaixão e paciência. O autoamor nos ajuda a reconhecer que, assim como nós, os outros também estão em sua própria jornada de crescimento. Isso pode ajudar a diminuir conflitos, fortalecer os laços e promover um ambiente de apoio mútuo. Neste sentido, o autoamor que cultivamos em nós não se limita ao nosso ser; ele se estende, tocando e transformando aqueles ao nosso redor.

"O amor não acaba em mim, ele começa em mim". Esta frase capta a essência de como o autoamor não é um fim em si mesmo, mas o ponto de partida para uma cadeia de amor e positividade que pode transformar ambientes e relações.

Em uma das passagens mais significativas da Bíblia, Jesus nos ensina que os maiores mandamentos são "amar a Deus sobre todas as coisas e amar o próximo como a si mesmo" (Mateus 22:37-39). Essas palavras não apenas resumem a essência dos ensinamentos bíblicos, mas também nos oferecem uma profunda reflexão sobre a natureza do amor e como ele deve ser praticado em nossas vidas.

Primeiramente, é fundamental reconhecer que o amor a Deus e o amor ao próximo estão intrinsecamente conectados ao amor-próprio. Para amar verdadeiramente os outros, devemos primeiro cultivar um amor genuíno por nós mesmos. Isso não é um ato de egoísmo, mas um reconhecimento de nossa própria dignidade e valor como criações de Deus.

João nos lembra em sua epístola: "Quem não ama não conhece a Deus, porque Deus é amor" (1 João 4:8). Este versículo reforça a ideia de que conhecer a Deus é conhecer o amor em sua forma mais pura e que viver de acordo com esse amor implica em uma prática contínua de amor-próprio e amor ao próximo. O amor divino não é apenas um sentimento, mas uma ação ativa que deve ser manifestada em como tratamos a nós mesmos e aos outros.

De acordo com os mandamentos de Deus, amar o próximo como a si mesmo é uma instrução explícita para valorizar e respeitar os outros da mesma forma que nos valorizamos e respeitamos. Isso sugere uma relação recíproca de cuidado e consideração, em que o autoamor não é o destino final, mas o ponto de partida. Sem uma base sólida de autoamor, nosso amor pelos outros pode se tornar vazio ou inautêntico, pois é difícil dar aos outros o que não possuímos.

A importância de amar a si mesmo, portanto, não é apenas sobre bem-estar pessoal, mas é um componente crucial para viver uma vida que verdadeiramente reflete os ensinamentos de Cristo. Ao aprendermos a valorizar a nós mesmos, abrimos espaço em nossos corações para amarmos a Deus e ao próximo com mais sinceridade e profundidade.

Praticar o autoamor, neste contexto, é um ato de fé. É reconhecer que fomos criados à imagem de Deus e que, ao nos amarmos, estamos honrando a Deus e preparando-nos para amar os outros de maneira mais eficaz e compassiva. Portanto, o autoamor não é apenas benéfico para o indivíduo, mas é essencial para cumprir os dois maiores mandamentos que nos foram dados. Ao cultivar o amor dentro de nós, estamos, de fato, expandindo nossa capacidade de contribuir para um mundo mais amoroso e compassivo, um reflexo verdadeiro do reino de Deus.

O autoamor é uma prática revolucionária que redefine não só como nos vemos e nos tratamos, mas também como interagimos com o mundo. É um lembrete de que o verdadeiro amor, o amor que transforma e cura, começa dentro de cada um de nós. Ao abraçarmos o autoamor, abrimos caminho para viver uma vida mais autêntica e impactante, provando que cada gesto de amor-próprio tem o potencial de reverberar, criando ondas de mudança positiva ao nosso redor.

Tenho dedicado minha carreira a explorar e ensinar o poder do autoamor. Através de meu trabalho, especialmente com mães atípicas, tenho visto como o autoamor não só transforma indivíduos, mas também famílias e comunidades inteiras. Convido você a se juntar a mim nesta jornada de descoberta e transformação.

"O autoamor é o ato revolucionário que abre as portas para uma vida vivida plenamente e com propósito."

GLEUCY SEULLY

Heloisa Scheller Hemkemaier

Meu nome é Heloisa Scheller Hemkemaier e sou natural de Petrolândia/SC, onde resido atualmente com meus pais.

Sou formada em Cosmetologia e Estética, visagista, terapeuta capilar e sistêmica. Atuo na área da beleza há mais de 11 anos em um estúdio, em minha cidade, onde cresci como profissional. Sou apaixonada por cozinhar, viajar e viver novas experiências.

Desde a infância, a paixão em cuidar da beleza sempre se fez presente no meu coração. Mas, durante a minha trajetória na área, encontrei a minha maior dificuldade e minha maior dor, que era lidar com a minha beleza. Durante esse processo, entrei no caminho do autoconhecimento e me conheci, na essência. Comecei a me olhar com outros olhos e a vontade de transformar e auxiliar mulheres a se verem como essência ficou mais forte.

heloisash

17 COMO LIDAR COM SUA DOR E ENCONTRAR SUA ESSÊNCIA

Por Heloisa Scheller Hemkemaier

Desde criança, uma das coisas que mais ouvia era: "Você é linda demais, uma princesa!". Era um elogio, eu não sabia lidar com ele, mas não soava muito confortável. Fui crescendo, meu biotipo sempre foi de uma mulher alta, magra e loira natural. Na ambiência em que eu convivia não era incomum, mas incomodava o fato de chamar a atenção.

Na adolescência, fase em que começam as escolhas e também a fase de comparação, precisamos a todo custo nos encaixar em algum grupo para nos sentirmos pertencentes. Lá estava eu, mais uma vez tentando me encaixar. Estudava em uma escola referência, em outra cidade, o que me fez crescer como pessoa, mas, ao mesmo tempo, me sentia um pouco perdida e precisava me "espremer" para me sentir parte do grupo.

A menina do interior estava se tornando mulher, mas não me via assim, e as amizades validavam isso e eu me calava, para fazer parte. Como o medo de desagradar era grande, não me posicionava e aceitava me manter naquela situação. O tempo foi passando e isso se tornou comum, eu me diminuía, não falava e me colocava em situações desagradáveis com meu corpo. Engordei quase doze quilos e fui desenvolvendo doenças físicas, como síndrome dos ovários policísticos e hipotireoidismo. O resultado foi algumas medicações, mais quilos adquiridos e uma distorção de imagem.

Após o Ensino Médio, fui para a faculdade e mudei de cidade. Novo ciclo, vida nova, amigos novos, nova rotina e a expectativa de que tudo iria ser diferente. Pois bem, não foi bem assim. Eu era uma das mais novas da turma, recém-chegada na cidade; minhas colegas de turma eram um pouco mais velhas e a maioria tinha experiência na área. Conheci pessoas incríveis, mas não me sentia pertencente e não me encaixava, mais uma vez, nos grupos. Lá foi eu mais uma vez me sabotar e me autodestruir para não desagradar e me sentir parte. O padrão já estava ali, mais uma vez se repetindo.

Sempre tive o apoio da minha família para tudo. Tive as melhores condições possíveis, mas não era sobre isso, era sobre como eu me via. Eu tentava, por vezes, sinalizar, mas o medo de errar, de parecer mais do que era, de ser a menina que "se achava" só porque era bonita caía por terra, todas as vezes. Uma voz ficava em meu ouvido sussurrando o tempo todo. Isso foi aos poucos me excluindo e construindo um muro de proteção, para que ninguém pudesse me ver. Esse muro foi ficando alto e eu mesma não conseguia mais me ver.

Queria voltar o quanto antes para a casa dos meus pais, sentia-me incapaz e sozinha, o tempo todo. Era angustiante, doía o peito, uma falta de ar e um medo que tomavam conta de mim. Não sabia o que estava acontecendo, eu só precisava chegar em casa e ter alguém que me acolhesse. Era como entrar de volta no casulo. Ali, ninguém me acessava e eu também não acessava ninguém. Não precisava me esticar e nem me espremer para ficar. Quando saía do casulo, mais uma vez o sentimento de medo e falta de ar tomavam conta. E assim foi tornando-se frequente essa sensação.

Era ela, a crise de ansiedade. Uma dor no peito inexplicável. Sentia-me excluída, rejeitada e com um vazio. Tudo de mais dolorido era prioridade e esperava sempre o pior; logo eu, que sempre fui a pessoa mais positiva aos olhos dos outros. Mas não era sobre os outros, era sobre como eu me colocava perante os outros.

Para fora do muro, refletia arrogância, inacessibilidade, até uma certa soberba. Forte, muito forte era minha postura, minha proteção, sempre atenta a tudo e a todos para não dar nada errado, somente para mim, mas isso ninguém precisava saber. Preferia passar por situações desagradáveis a desagradar o outro. O autocuidado nunca se fez presente nesses momentos. Não sabia fazer nada por mim, a não ser me manter em silêncio. Mas a vontade que eu tinha, lá fundo, de transformar as mulheres e deixá-las cada vez mais belas e naturais nunca se afastou. Mas eu queria ajudar apenas elas, não a mim.

Antes mesmo de finalizar a faculdade, meus pais me ajudaram a abrir um espaço na minha casa para começar os atendimentos e já ir ganhando prática. Assim, fui fazendo minha clientela na parte de cabelo e maquiagem.

Finalizei a faculdade e a cartela de clientes foi aumentando, adquiri mais segurança e comecei a fazer cursos profissionalizantes para ir ganhando mais confiança. Fui ganhando uma posição dentro da área e o medo de desagradar chegou novamente. Não havia procurado ajuda para mudar aquele padrão, uma hora ou outra ele ia voltar.

O medo de aparecer, de ser vista e de assumir uma responsabilidade foi aumentando. Com isso, as crises voltaram a ser frequentes. Eu realmente não entendia o que estava acontecendo e sofria em silêncio. Minha tireoide continuava desregulada e minha conexão com o feminino era zero.

As dores nos ombros e nas costas começaram a se fazer presentes também, o que acabou dificultando os atendimentos. Eu trabalhava por até doze horas em pé, sem comer por algum tempo. Não me permitia descansar em momento algum, se não corria o risco de desagradar alguma cliente. Quando finalizava o dia, tinha a sensação de que não tinha feito nada, que eu poderia ter feito mais. Mas o meu corpo estava pedindo socorro e eu não sabia ouvi-lo. Os sinais estavam claros, mas eu não podia parar. Iria ter que desconstruir o meu muro, minha proteção, e ia ser pesado demais.

Esse período foi dos 19 aos 24 anos, em plena juventude. Eu olhava no espelho e não me via. Nenhuma roupa fazia sentido para mim, nunca tinha nada que se encaixasse. Cheguei a usar roupas da minha mãe, para parecer mais mulher. Mas não podia reclamar, afinal, eu tinha tudo o que eu queria, nunca faltou nada. Eu tinha amor e atenção, não precisava sair dali, eles enxergavam e estava tudo bem.

Durante uma conversa com uma pessoa especial, que enxergou tudo isso em mim, recebi a indicação de uma terapeuta, pois ela acreditava que eu precisava de ajuda. Lembro-me que fiquei horas chorando dentro do carro, olhando para o horizonte e pensando em como tudo poderia ser diferente, o que iriam pensar se eu falasse em terapia, se tudo o que eu queria eu já tinha.

Tomei coragem e agendei uma consulta. Na primeira sessão, ela fez um teste das emoções comigo e a emoção que mais havia dentro de mim era a raiva. Raiva? Do quê? Eu sou tão querida por todos, amo a vida, faço tudo por todos, como tenho tanta raiva? Ela me olhou e me fez a seguinte pergunta: "Quem é a pessoa mais importante para você?" Eu tive que pensar muito, era uma pergunta muito difícil e eu não queria decepcionar alguém. Gerei mais raiva dentro de mim, até entender que eu estava só falando de mim. Ora, quanto tempo eu perdi e não sabia quem eu era. Afastei-me totalmente de mim mesma.

Essa foi a porta de entrada para o autoconhecimento. Comecei a procurar textos sobre emoções e fazer diferente quando vinha aquele sentimento de raiva. Aprendi uma palavrinha bem pequena com um poder tão grande: não. Aos poucos, aquilo que era gigante foi diminuindo, ficando mais leve. Senti que precisava me conectar com meu corpo, minhas vontades e minha beleza. Precisava me olhar como mulher, passar uma maquiagem e usar uma roupa que gostava. Pode parecer uma coisa simples, mas quando não estamos conectadas, é muito desafiador.

Nesse tempo, em alguns cursos e viagens de estudo, conheci mulheres que começaram a me inspirar e mostraram que tinha vida além daquilo que eu conhecia. Minhas clientes se tornaram amigas também, começamos a ter trocas sobre autocuidado e autoconhecimento e fui enriquecendo meu olhar. Comecei a fazer yoga. A dificuldade que tive foi imensa, pois necessita de uma entrega corporal grande. Mas foi onde eu me encontrei pela primeira vez. Desafiei a mim mesma todas as vezes e fui aprendendo a trazer conforto e acolhimento para o meu corpo. Com isso veio a oportunidade de participar de um retiro de autoconhecimento, em que teríamos várias vivências e experiências, o que acabou sendo um divisor de águas na minha vida. Pela primeira vez me senti viva, sem precisar me encaixar, apenas sendo eu mesma. Que libertador!

Lá conheci as constelações familiares e me apaixonei. Ao mesmo tempo que trouxe luz para as minhas dores, tive que entrar em contato com as minhas sombras e começar a honrá-las, para poder seguir adiante. Daquele momento em diante, eu tive a certeza de que a minha missão de transformar mulheres com a beleza se mantinha, mas eu precisava olhar para minha primeiro.

Depois participei de outros retiros e viagens de autoconhecimento e conheci mulheres que compartilhavam da mesma dor. Quanto aprendizado! Honro a vida de cada uma delas. Elas me ajudaram a enxergar o que estava dentro de mim, na essência. Aquela ali era eu de verdade. Do meu próprio tamanho, com a minha própria beleza, aprendendo a ouvir um elogio e recebendo-o com amor. Aprendi que eu podia sim descansar e cuidar de mim, quando fosse necessário. Comecei a me enxergar no espelho, a ver um poder pessoal e prometi fazer algo por mim todos os dias.

Levei todo esse aprendizado para as minhas clientes, que, aos poucos, se enxergaram capazes também. Tornei-me uma boa ouvinte, com mais empatia, e ouvi histórias lindas em meus atendimentos. Foi transformador vê-las se libertarem aos poucos, cada uma no seu tempo.

A lição que fica de toda essa história é: faça por você, sempre. Quando estamos alinhados e conectados com nosso corpo em verdadeira essência, o extraordinário acontece. Aquilo que era tão pesado, fica mais leve e a energia flui. Apenas faça com o que você tem. Ouça seu corpo, ele fala com você o tempo todo.

"Quando estamos alinhados e conectados com nosso corpo, em verdadeira essência, o extraordinário acontece."

HELOISA SCHELLER HEMKEMAIER

Janaina S. Resende

Meu nome é Janaina Resende, sou mãe e empresária do ramo de produções culinárias.

Meu lado espiritualista vem de uma trajetória de autoconhecimento, estudos, vivências e trabalho. Passei oito anos na escola iniciática do kardecismo, aprendendo um pouco sobre espiritualidade, ciência e filosofia. Trabalhei com evangelização infantil durante muito tempo e dei passes mediúnicos. Busquei novos conhecimentos na umbanda, através da minha paixão pela cultura cigana, e foi assim que me redescobri como uma mulher feliz.

Atualmente, por meio da minha sede de conhecimento e muita ajuda que tive do Plano Superior, estudo fitoterapia e xamanismo. Sou umbandista, reikiana e taróloga e estou iniciando um projeto em que pretendo ajudar muitas pessoas através do autocuidado.

janasr

janainaprod@gmail.com

18 AS MULHERES DA MINHA VIDA

Por Janaina S. Resende

Meus primeiros momentos de vida, no útero da minha mãe, foram uma coletânea de sensações femininas, em que não tinha a menor ideia do que estava por vir.

Nasci em uma casa cercada de muito amor. Já de início, justifico o título do capítulo: fui recebida neste mundo por sete mulheres de personalidades marcantes; cada uma com sua particularidade, sua personalidade, suas emoções, suas forças e seus medos.

Hoje, aos 49 anos de vida, posso dizer que tenho em mim um pouco de cada uma delas e agradeço de todo meu coração por ter tido a oportunidade de me desenvolver em um meio com mulheres tão maravilhosas. Não seria nada sem vocês e fico feliz que todas podem ler essa parte do meu capítulo e receber a minha gratidão.

Tive uma infância muito feliz. A ausência de um pai nunca fez diferença na minha vida, porque fui muito amada – a não ser no dia da comemoração do Dia dos Pais, que, aliás, até hoje me incomoda.

Fui uma adolescente com experiências felizes. Tive namoros que mostraram a minha dificuldade em lidar com a força masculina. Na época, não entendia que a falta de uma presença masculina na minha vida dificultava enxergar o que seria um relacionamento bom entre um homem e uma mulher. Nenhuma das minhas mães, como assim as chamo, casou-se. Minha mãe tinha 23 anos quando nasci, foi mãe solo, mas nunca demonstrou para mim qualquer fragilidade por isso. Ela e minhas outras mães sempre foram tão unidas que isso bastava. Mas a minha vida me pedia algo diferente. No fundo, eu queria ter essa vivência e clamava aos quatro ventos que nunca iria me casar. Mas acabei sendo mãe solteira aos 23 anos. O ciclo se repetiu e trouxe um dos maiores amores da minha vida, meu filho Matheus.

As mulheres da minha vida foram maravilhosas. Foram elas que me apoiaram e me ajudaram muito a desenvolver o meu lado mãe, em um mundo em que muitas mulheres sofrem preconceito, abandono e falta de apoio. Mais uma vez, isso nunca me faltou, pois tive o amparo feminino que supriu o abandono masculino.

Quando meu filho tinha 3 anos, conheci meu ex-marido. Logo depois veio ao mundo outro amor da minha vida, minha filha Livia. Eu e meu ex-marido fomos muito felizes nos dezesseis anos de relacionamento, embora tenha acabado, pois o homem que estava ao meu lado não soube me dar valor e nem soube lidar com o excesso de mulheres que tinham dentro de mim.

Nesta trajetória chamada vida, conheci muitas mulheres e muitas delas ainda permanecem na minha vida. Sempre tive uma tendência enorme a tirar o meu casaco e dar para quem estivesse precisando, sempre fui uma referência de mulher forte, batalhadora, "mãezona", sonhadora, idealizadora, e isso sempre motivou as mulheres que estavam à minha volta, que vinham em busca de ajuda. Mas, no fundo, foi se criando um vazio dentro de mim, e demorou muito tempo para eu descobrir que o meu coração estava triste, mesmo tendo realizado tantas coisas na minha vida, mesmo sendo referência de mulher para tantas outras.

Foi nesse momento que busquei me autodescobrir, procurei ajuda espiritual, tentei buscar respostas para aquele vazio. Mas eu já estava adoecida, como lidar com essa Janaina frágil que eu mesmo não conhecia?

Mesmo assim não desisti, rompi padrões, fiz cirurgia plástica e terminei um relacionamento que já não me completava. Foi muito difícil este processo, que veio com muito sofrimento para todas as partes envolvidas, mas, mais uma vez, aos olhos dos que estavam fora da situação, eu era aquela mulher forte.

Recebi a ajuda de muitas mulheres, que me apoiaram e me ampararam. Se não fosse por elas, talvez eu não estivesse aqui escrevendo sobre o momento de se amar que hoje vivo com tanta intensidade.

Mas, perdi uma dessas mulheres para os problemas da alma que não conseguimos resolver nessa vida. Neste momento tão triste, estava em um retiro espiritual buscando respostas para as minhas dores. Fui muito amparada por todas as mulheres que ali estavam e ganhei uma grande amiga neste retiro, que inclusive me fez o convite para escrever neste livro. Fiquei muito emocionada, pois naquele momento percebi que eu havia conseguido me amar.

Mais uma vez, a força feminina se fazendo presente. Neste mesmo retiro, conheci um dos poucos homens que estava buscando respostas. Por meio da Constelação Familiar, tive a oportunidade de curar a minha ausência paterna através desse homem, que sofria pela mesma falta de pai. Ali recebi o melhor abraço da vida. Mesmo sangrando, somos capazes de ser luz, e este homem foi espelho para mim naquele momento, pois tive que enfrentar a face de um relacionamento recém-terminado na face dele.

Agora, volto um pouco ao momento da minha vida em que comecei a resgatar a mulher que eu havia perdido no meio do caminho. Busquei ajuda na dança, que foi uma das grandes paixões da minha vida. Durante uma aula de dança cigana, quando a professora colocou em mim uma saia linda, quase desmaiei. Foi uma sensação muito forte para mim. Eu estava muito fragilizada. Neste momento uma parte do meu eu foi resgatada, quando a professora segurou no meu queixo e falou: "Uma cigana nunca abaixa os olhos ao dançar".

Foi quando renasceu minha paixão pela dança, pela cultura cigana e pela busca de conhecimento da alma. Hoje faço parte desse grupo de dança em que a minha professora, minha terapeuta holística e minha mestra ensina a Dança Terapia Cigana, que trabalha o empoderamento feminino em todos os aspectos. A dança resgatou uma parte do meu amor-próprio e percebi a importância de fazermos o que amamos, termos um tempo para nós.

Minha sede de conhecimento pelo mundo desconhecido me ajudou a ter fé e enfrentar uma separação, que veio com muito sofrimento, cinco cirurgias, doenças emocionais (fibromialgia e um constante processo de somatização) e dois relacionamentos que vieram depois, extremamente tóxicos, que me tornaram uma pessoa tão afugentada e, ao mesmo tempo, tão forte. Tudo isso e mais um pouco me fizeram entrar nesse profundo processo de autoajuda, autoconhecimento e busca pelo amor-próprio.

Confesso que todo esse turbilhão de emoções não foi fácil de enfrentar, em muitos momentos pensei em sucumbir. Foi a minha fé no desconhecido que me ajudou a enfrentar todo esse processo.

Comecei a desenvolver a minha espiritualidade desde criança. Aos 16 anos, já lia tarô. Em um passeio que fiz em Minas Gerais, caiu um livreto de tarô na minha cabeça, que tenho até hoje. Mas, nessa idade, não entendi muito bem. Busquei o kardecismo quando meu filho começou a ter sonhos superagitados e não conseguia dormir à noite. Fiquei por oito anos estudando na escola iniciática. Foi um dos maiores conhecimentos que eu tive na minha vida sobre espiritualidade, ciência e filosofia. Além de estudar sobre a vida de Jesus, fazer reforma íntima e poder servir espiritualmente, tive a oportunidade de trabalhar com crianças, e elas me ensinaram a amar.

Depois de um certo tempo, surgiu a vontade de ter outras vivências espirituais. Fiz parte por quatro anos de um Centro Espiritualista Cigano, em que encontrei as mulheres da minha espiritualidade, que me guiam e protegem e que me ajudaram a resgatar a minha essência de alma. Sou muito grata a todo amparo que recebo das minhas forças. Descobri que do outro lado também têm mulheres lindas que nos amparam nesta trajetória chamada vida, e que elas também já estiveram aqui e já foram amparadas. Sabemos o quanto é difícil ser mulher neste mundo, que ainda existem preconceitos. Apesar de não sermos mais queimadas vivas por sermos curandeiras, amantes do desconhecido, sonhadoras, progressistas, guerreiras e conquistadoras do nosso espaço, ainda temos que lutar muito por respeito.

Hoje, me dedico a estudar todas as terapias que me auxiliaram nesse processo de resgate de mim mesma. Já tomei tanto remédio para dor que estou estudando sobre fitoterapia, pois acredito muito no retorno da medicina da fitoconsciência e da cura, através do que a natureza nos oferece. Estudo o xamanismo, em que procuro resgatar a força da nossa ancestralidade e toda essa cultura que não pode ser abandonada. Sou reikiana e a energia do amor universal é muito mais poderosa do que imaginamos. A cura por meio da imposição das mãos e da fé no desconhecido pode promover a cura do corpo e da alma.

Participo de vários retiros, procurando conhecer as medicinas que hoje ajudam tantas mulheres, como a Medicina do Cacau e sua força poderosa em reestabelecer os vínculos energéticos da nossa parte mais feminina, nosso útero, nosso sistema gerador de vida e onde tantas mulheres adoecem por falta de amor. Nesses retiros, a forma feminina se faz tão presente, uma união de reencontros com mulheres tão fortes, que saem da sua zona de conforto e buscam se curar.

A minha paixão pela força feminina cigana que encanta tantas mulheres, em conjunto com este livro, nasce de uma profunda vontade de fazer parte dessa egrégora de amor e luz em ajudar, auxiliar, resgatar mulheres que estejam dispostas a fazer diferente através das terapias holísticas e da dançaterapia.

Hoje, em sociedade com a minha terapeuta, tenho um espaço que oferece terapias holísticas, cursos e dança cigana. Convido todos a participar desse momento de se amarem, junto comigo.

Hoje sou uma mulher feliz, que aprendeu a se amar e que conseguiu perdoar a si mesma. Ganhei um grande presente da vida que foi a oportunidade de me reconciliar com o grande amor da minha vida. O medo de amar e ser amada não existe mais. Muita luz a todos!

"Nunca deixe que as pessoas extraiam de você o que você tem de pior. Ame quem traz luz para sua escuridão."

JANAINA S. RESENDE

Juliane A. Torres

Sou Juliane Torres, nasci em Osasco/SP e, atualmente, moro em Feira de Santana/BA. Sou casada com meu amor, Alexandre.

Atuo como palestrante, escritora e mentora há mais de cinco anos, oferecendo orientação individual e em grupo para mulheres em seu crescimento pessoal, profissional e espiritual. Além disso, sou cristã e ministra do Senhor há mais de dez anos. Sou formada em Gestão de Recursos Humanos, com pós-graduação em Psicologia e Coaching, e tenho paixão pelo desenvolvimento humano.

A mulher que sou hoje superou grandes desafios e entendeu que o autoconhecimento é fundamental para alcançar grandes conquistas. Eu convido você para tomar um café online, acesse minhas redes sociais e o meu contato. Espero você!

juliane_tg

julianeatgcomercial@gmail.com

+55 (75) 99111-7947

19 UMA MULHER TRANSFORMADA

Juliane A. Torres

16 de março de 2016, aeroporto de Salvador/BA. Eu mal sabia que estava começando a viver a maior transformação da minha vida e nem imaginava que seria um processo tão doloroso e tão necessário para eu chegar até aqui. Antes de falar do dia 16, preciso voltar alguns meses para você compreender como tudo começou.

Saímos de São Paulo na primeira semana de janeiro de 2016 e chegamos à Bahia com o objetivo de reencontrar nossos familiares, aproveitar uma festa e passear bastante. No entanto, ao longo das semanas, decidimos visitar algumas residências, visto que, até então, vivíamos em São Paulo de aluguel, e adquirir uma casa própria na região metropolitana de São Paulo era praticamente impossível financeiramente. Durante as visitas, percebemos que nossa situação financeira era desafiadora e o sonho provavelmente seria adiado mais uma vez.

Conhecemos um homem que, sem dúvida, foi enviado por Deus. Ele possuía algumas propriedades e começou a nos apresentar as opções disponíveis. Durante a conversa, ele fez uma pergunta simples: "Vocês têm o nome limpo? Porque é a única coisa que eu preciso". Eu e minha irmã olhávamos confusas uma para o outra, sem compreender exatamente o que ele queria dizer, já que em nenhum momento ele tinha mencionado valores. Então, questionamos uma à outra: "Você tem coragem de deixar São Paulo e morar na Bahia se conseguirmos comprar uma casa?". E a resposta era sempre a mesma: "Sim, eu tenho!". No entanto, quando essa pergunta era dirigida à minha mãe, ela apenas balançava a cabeça e respondia: "Tanto faz". Nós entendíamos aquela resposta, pois não tínhamos economias, havíamos comprado um carro poucos meses antes e gastamos o restante na viagem. Comprar uma casa sem dinheiro parecia impossível. Foi nesse momento que precisamos confiar na nossa fé em Deus, a única força capaz de mudar nossa realidade.

Saímos das visitas cheias de esperança, ansiosas para voltar a São Paulo e enviar a documentação necessária. Ao chegarmos, enviamos tudo em nome da minha irmã, que na época tinha apenas 19 anos e havia recentemente financiado nosso carro. Em pouco mais de uma semana, recebemos a resposta do proprietário da casa: "Parabéns, Mayara, seu financiamento foi aprovado, a casa é de vocês!". A partir desse momento, nossa história tomou um novo rumo e destino, chamado Bahia.

Após realizar um grande sonho com minha família, descobri que precisaria renunciar muitas coisas que acreditava não conseguir viver sem. Com o passar dos meses, não me reconhecia mais: brigava constantemente, estava intolerante, trocava frequentemente de emprego, sofria de depressão. Enquanto tudo ao meu redor parecia perfeito, com um novo estado, cidade, bairro, casa, carro e novas pessoas ao redor, nada disso me satisfazia. Desejava, diariamente, voltar para São Paulo, lamentava ter aceitado mudar de estado, sentia falta das minhas amigas, dos meus primos que eram como irmãos, das minhas tias e dos meus tios. Enfrentava todos os dias essa batalha interior, afastando as pessoas, magoando-as com palavras e atitudes, o que me deixava ainda mais isolada. No entanto, Deus, um Pai amoroso e cuidadoso, conhece cada um de nós e nossos limites. Quando estava à beira do colapso, Ele começou a intervir para me mostrar que Sua vontade é boa, perfeita e agradável.

O Senhor começou a usar alguns profetas e profetizas para falar comigo, pois eu não estava ouvindo Sua voz através da Palavra de Deus. Entre tantas revelações, uma delas me marcou profundamente e mudou algo dentro de mim. Durante uma viagem com os jovens da igreja, em um retiro com cultos de adoração ao Senhor, Deus escolheu me falar de forma clara e simples por meio do meu pastor. Ele disse uma frase que ressoou em mim: "Não tome decisões sem eu estar, assim diz o Senhor". Ninguém sabia, mas eu já tinha decidido em meu coração voltar para São Paulo.

Após retornar do retiro, fiz algo que nunca pensei que funcionaria tão bem. Entrei no meu quarto, fechei a porta e orei ao Senhor. Mesmo sendo uma conhecedora da palavra de Deus, já batizada há mais de cinco anos, naquela época, percebi que estava distante do Senhor e esquecera que a melhor forma de resolver nossos problemas é conversando com Ele. Reconhecer nossa pequenez e entender que sem Ele não somos nada.

Então, fiz a seguinte oração: "Senhor, tens visto o quanto minha alma está abatida, o quanto errei com as pessoas e contigo, o quanto não valorizei o que orei a vida toda para conquistar. Hoje, abro meu coração e renuncio a tudo que não Te agrada e tem me afastado de Teus planos para mim. Coloquei-me à Tua disposição, pedi para me tornar uma nova mulher, não queria mais magoar nem ferir aqueles à minha volta, desejo ser transformada por Deus e ser uma ponte para levar as pessoas a Jesus".

Iniciei um profundo e transformador processo de desenvolvimento pessoal e espiritual ao renunciar. Eu estava renunciando a quem eu era, para ser quem Deus queria que eu fosse. O processo foi doloroso e difícil, e agora compartilho alguns pontos essenciais para essa evolução. Anote estas dicas, utilize como atividade de crescimento pessoal e espiritual.

• Primeiro ponto: ao **revelar** que o ambiente em que estava inserida era apenas uma desculpa para mostrar quem eu era de verdade, pude perceber que era uma pessoa mimada, infantil, grosseira, intolerante e sem amor-próprio. O amor-próprio é essencial, pois quando você se ama, sem dúvida alguma, o seu próximo também será respeitado, apoiado e amado. Não importa se você está em um bom ou mau lugar, a mudança não virá do ambiente, mas sim de dentro de você. Se não houver uma mudança interna, nada ao seu redor será transformado. Já identificou a razão para ser como é? Se sim, é hora de seguir em frente para o próximo passo.

• Segundo ponto: **reconhecer** minha verdadeira essência causava-me muita dor; não apreciava ouvir críticas e evitava companhia de quem pudesse me corrigir. Contudo, ao encarar meus erros, falhas, medos e angústias, percebi que a questão residia em mim, não nos outros. Não bastava ter essa consciência, era crucial corrigir meus equívocos. Agora, consegue identificar seus erros e falhas para corrigi-los? Talvez já tenha feito isso, talvez não, mas é essencial dar o próximo passo nesta jornada de transformação.

• Terceiro ponto: **renunciar** significa abrir mão de algo e a renúncia é feita voluntariamente. E foi exatamente isso que eu fiz, renunciei quem eu era, para ser quem Deus queria que eu fosse. Deixei-me ser um vaso moldado pelo meu Senhor, eu não queria mais viver por mim, mas sim viver a Cristo e tudo o que Ele havia projetado para mim. De que adiantaria eu descobrir que eu estava errada, reconhecer esse erro, mas não renunciar? Continuar errando seria um ciclo vicioso sem fim. Quando você compreende que renunciar significa abrir mão de algo que não te faz bem, isso se torna mais leve, é libertador.

A renúncia já chegou por aí ou você ainda está vivendo esse ciclo vicioso, sem nenhuma evolução? Bom, chegou a hora de você abrir mão de algumas coisas antigas para que as novas possam chegar e você consiga viver paulatinamente a transformação que tanto almejou.

Agora, oriento que você dê uma pausa antes de concluir essa leitura e analise cada ponto que foi citado, reflita, escreva a sua resposta em uma folha. Se você estiver sozinha, responda em voz alta para que você possa ouvir e compreender melhor o que se passa dentro de você. E, aos poucos, você consiga observar que destravou uma ferramenta importantíssima para a sua vida: o autoconhecimento. Com ele, você vai saber quem você é, vai aprender dia após dia a gerir as suas emoções, a acolher os seus sentimentos e a ser uma mulher transformada diariamente.

Todo o processo de crescimento pessoal e espiritual foi fundamental para alinhar minha vida com os planos que Deus tinha para mim. Parece que foi fácil e rápido, não é mesmo? Na verdade, foi uma jornada longa e demorada. Depois de me sentir "pronta", o Senhor me confiou um belo projeto chamado Transformando Corações. Através dele, muitos sonhos foram realizados. Em 2022, casei-me com meu amado Alexandre, o amor da minha vida, um homem segundo o coração de Deus. Em 2023, escrevi o Planner Devocional da Mulher Transformada, com doze histórias de mulheres inspiradoras.

Em 2024, publiquei esse belo livro por uma editora, realizando assim um sonho de infância. Há mais de cinco anos, tornei-me palestrante, mentora de mulheres e escritora. Jamais imaginei chegar aonde estou hoje. Sinto-me realizada e grata, com o coração cheio de fé e esperança para viver as promessas do Senhor.

Declaro sobre a sua vida um novo tempo, de renúncia, liberdade e transformação. Seus sonhos se realizarão e você terá um testemunho lindo da vitória e honra de Deus em sua vida. Lembre-se: Deus lhe criou para impactar vidas, Ele ama você imensamente e lhe trouxe a este mundo com um propósito especial. Olhe para o Céu, pois de lá vem o seu socorro, eu consegui e com toda certeza do Céu, você também vai conseguir. Conte comigo.

Desejo auxiliá-la nessa jornada de crescimento pessoal, posso ser sua mentora? Entre em contato pelo WhatsApp para conversarmos. Estou certa de que você começou a ser transformada a partir do momento que você adquiriu este livro. Deus viu a intenção do seu coração em ser moldada e transformada por Ele. Agradeço imensamente por estar aqui, que Deus te abençoe cada vez mais!

"Uma mulher que se conhece ilumina não apenas seu próprio caminho, mas também inspira outras a encontrarem a luz dentro de si mesmas."

JULIANE A. TORRES

Lígia Sato

Sou Lígia Sato, natural de São Paulo/SP, mãe do Raul e do Saulo. Atualmente, sou gerente de sustentabilidade e meio ambiente de uma companhia aérea. Desde que entrei na empresa, em 2010, trabalhei nas áreas de relações com a imprensa e relações institucionais. Além disso, faço parte do *board* consultivo da Unesco SOST-Transcriativa e sou conselheira voluntária do Instituto Cuidare.

Formada em Publicidade pela Universidade de São Paulo, possuo pós-graduação em Comunicação Jornalística pela Cásper Líbero e em Administração e Organização de Eventos, pelo Senac, além de MBA em Gestão da Comunicação Empresarial, pela Aberje. Atualmente, curso Aviation Management pela Embry Riddle Aeronautical University

Lígia Sato Puccioni

ligiasato@yahoo.com.br

20 CARTA DEVOLVIDA AO REMETENTE

Por Ligia Sato

"Quem vive na sombra, inventa luzes."
Mia Couto

O ano era 1996. Mais precisamente 27 de agosto. Lembro até hoje daquele auditório repleto de alunos participando da 6ª edição do Concurso de Redação. Ainda tenho a sensação de não estar em um bom dia. Escrevi rapidamente o meu texto e, para minha surpresa, ele foi o quinto melhor colocado de toda a 8ª série.

O título da minha redação era "Carta ao remetente", em que eu escrevi uma mensagem para mim mesma, que terminava da seguinte forma: "Caminhe contra os ventos, derrube as barreiras. Nem sempre querer é poder, lutar é o caminho. A felicidade estará próxima. Pense bem, o seu ideal é do tamanho de sua ousadia".

Na cerimônia de premiação, não houve *glamour* ou fila de fãs pedindo o meu autógrafo. Quem deveria estar lá, estava: a minha mãe. Presença sempre marcante nos principais momentos da minha vida. No entanto, mais importante que o prêmio, foi ter esses pensamentos registrados para que eu pudesse, quase trinta anos depois, revisitá-los.

Talvez a solidão tenha sido minha companheira de longa data, inclusive no medo de encontrar o que tenho procurado por tanto tempo. Afinal, sempre houve nuvens habitando dentro de mim e sempre admirei as estrelas, cujo brilho só é possível ver quando as nuvens passam, o céu se abre e podemos apreciar as árvores refletidas nas águas tranquilas dos rios, as belas flores sem cheiro e a liberdade do voar dos pássaros.

Eu só tinha 14 anos e já tinha a compreensão de que, a qualquer momento, as nuvens podem ficar carregadas e os dias virarem verdadeiras batalhas. Desde então, deparei-me com caminhos tortuosos, às vezes com um pouco mais de pedras, às vezes com um percurso mais suave. Hoje, estou aqui esperançosa que este meu relato seja de gratidão e mostre que outras perspectivas são possíveis. Ele faz parte de todo um processo de (re)encontrar a minha voz e manifestá-la, seja por meio das palavras cantadas, ditas ou escritas.

Essa transformação radical e disruptiva começou durante a pandemia da covid-19. Na época, havia muita pressão no meu ambiente de trabalho devido aos impactos no meu setor de atuação. Enfrentei uma situação de assédio moral extremamente tóxica que impactou significativamente a minha autoestima. Durante muitos meses, fui deixando me enterrar dentro de mim. Era muito triste ver os efeitos físicos da violência que estava sofrendo. Minha saúde ficou debilitada e um dos sinais mais marcantes foi a queda de cabelos.

Em meio a essa situação já bastante complicada, os meus filhos – com 6 e 4 anos – se viram, de repente, "aprisionados" em um apartamento, sem poder sair para a escola, encontrar os amigos ou familiares, e em um ambiente de extrema incerteza e insegurança. Eles não conseguiam participar das aulas *on-line* da escola. E, no meio desse caos, o meu filho mais novo começou a ter comportamentos estranhos, como fazer muita birra em determinadas situações e ter ataques de raiva, em que ele próprio se machucava.

Eu poderia ter me deixado levar. Poderia ter aceitado o papel de vítima e me martirizado pelo tratamento desrespeitoso, irracional e sem lógica que estava sofrendo. Poderia ainda ter aceitado que – como algumas pessoas sugeriram na ocasião – eu era uma mãe que não estava sabendo educar o meu filho e ele seria, para sempre, uma pessoa complicada de se lidar.

Felizmente, a minha gestora, na época, me presentou com um treinamento de autoaprimoramento. Apesar de rápido, ele me fez perceber que aquele poderia ser um caminho interessante. Um pouco receosa, decidi eu mesma investir em um curso mais intensivo. Foram semanas que fizeram eu entender melhor o que queria, o que tinha que fazer para sair daquele lugar escuro e sem perspectiva em que eu estava estagnada.

Em paralelo, começamos uma saga para entender o que se passava com o meu filho mais novo. Foram consultas difíceis com neurologistas e psiquiatras, seguidas de duas análises neuropsicológicas. No fim de meses de busca por respostas, veio o laudo: ele tinha Transtorno do Déficit de Atenção com Hiperatividade (TDAH) e Transtorno do Espectro Autista (TEA). As conversas que tive com pais de crianças com autismo me impulsionaram a tomar uma das decisões mais acertadas: antes de tudo, investir nas terapias. Mesmo com o laudo ainda não fechado, a rotina de sessões e mais sessões com psicoterapeutas, psicológicos, fonoaudiólogos e terapeutas ocupacionais começou.

Se a minha vida fosse um livro, com certeza receber o diagnóstico do meu filho seria o ponto de virada da minha jornada. A maternidade atípica transformou o meu olhar para o mundo, agora muito mais empático e compreensivo, e trouxe uma complexidade adicional ao papel de mulher que trabalha no mundo corporativo. Conciliar as sessões de terapias com reuniões e viagens demanda muito jogo de cintura e uma tão necessária rede de apoio. No entanto, eu sempre fui muito relutante em aceitar dois papéis que a sociedade nos oferece: o de heroína e o de coitadinha. Aceitar estes "presentes" que nos são dados é entrar em mais uma prisão.

O segredo é trabalhar o autoconhecimento. É ter a consciência situacional de onde vivemos e de todas as consequências de estarmos inseridas em uma sociedade ainda machista, misógina, patriarcal, etarista e consumista. Com essa clareza de pensamento, aprender a navegar nesses mares se preservando ao máximo e se machucando o mínimo possível. E aceitar que sozinhas nunca conseguiremos enfrentar esses desafios tão imensos.

Ter pessoas ao nosso lado em que confiamos é essencial e faz a diferença para manter a nossa sanidade (física e mental). Além disso, é importante ter a ciência de que estamos mexendo em estruturas consolidadas de poder, o que incomoda muita gente em todas as instâncias da nossa vida. Por isso, precisamos sempre aumentar a nossa energia vital e nos fortalecer.

Como eu trouxe no início deste relato, nos momentos mais difíceis, sempre tive a sorte de encontrar uma mão que se estendeu para me apoiar. Mãos femininas, diga-se de passagem. Apesar de ter muita facilidade de fazer e manter amigos homens, nas situações mais difíceis, foram as mulheres que estavam ao meu lado, que me acolheram e deram o apoio de que precisava.

Tenho sempre muito cuidado para não virar personagem de mim mesma. Encontramos pessoas que nos dizem o quanto nos admiram, o quanto somos fantásticas, o quanto somos incríveis. Sempre é bom receber elogios e inclusive precisamos aprender a aceitá-los com menos relutância. No entanto, jamais podemos deixar que eles nos levem a um estado de inércia, em que não queremos mais nos aprimorar, com o falso pensamento de que atingimos o nosso melhor.

Procuro manter ainda a minha autenticidade, tendo os dois pés no chão e – como uma sonhadora convicta – a cabeça um pouco nas nuvens. É intrigante ver como a sociedade tenta impor uma verdade bastante (in)conveniente: que, a partir de uma determinada idade, não podemos mais ter sonhos. Crianças e jovens podem sonhar e têm o potencial de criar algo novo. Nós, pessoas mais experientes, temos apenas que trabalhar e exercer as atividades "adequadas" para os nossos papéis, de mãe e profissional séria.

O que mais importa é sempre se levantar e tentar outra vez. A cada novo tropeção ou tombo, entender o que aconteceu e se erguer ainda mais forte. Desistir não é e nunca será uma opção. Afinal, temos uma missão de – como seres imperfeitos que somos - realizar a nossa revolução humana nesta vida e nos tornarmos pessoas melhores. E mesmo quando não temos o apoio necessário, devemos nos levantar só e fazer a diferença neste mundo.

Nessa jornada de autoconhecimento, uma palavra é chave: o respeito em suas múltiplas expressões. Como o respeito a si mesma, afinal, quantos corações que não nos pertencem carregamos dentro do peito? Aprendi a respeitar o que é possível fazer no momento e aceitar que, de verdade, está tudo bem. O que está sob o nosso controle é bastante limitado. Fazemos o melhor possível que podemos e, pouco a pouco, vamos enfrentando e superando cada dificuldade. O respeito se manifesta nos nossos silêncios, mas também em nossos momentos de fala para não mais aceitar situações de violência e injustiça que enfrentamos todos os dias.

O mais incrível é que tive que passar por uma jornada de quase trinta anos para reencontrar a garota cheia de sonhos, que queria mudar o mundo. Era eu mesma quem eu há tanto tempo procurava. Talvez com medo de me entregar e nunca mais regressar.

Nesse processo de retomada de quem eu era (ou sonhava ser), embarquei em viagens solitárias, desbravei matas fechadas, abri trilhas e encontrei meus próprios caminhos. Encontrei o meu estilo de vida e sou feliz como budista, vegetariana e mãe atípica que trabalha fora, mas que tem todos os sonhos ainda aqui dentro de mim.

Em algum momento da nossa história, alguém nos vendeu uma ilusão que a banda capixaba Dead Fish chamou de "Sonho médio". É imaginar que tudo se restringe a "Viver e prosperar. Mais nada a pensar. 'Me, myself and I". Temos que parar de tentar atingir parâmetros irreais e egoístas, que sugam a nossa humanidade. Viver vai além de uma foto bonita e produzida para o perfil de uma de nossas redes sociais.

Precisamos aceitar o fato de que a vida está mais para um percurso de montanha-russa do que um passeio tranquilo, em linha reta. Precisamos apreciar verdadeiramente os caminhos e deixar de valorizar tão intensamente somente as chegadas nos destinos. Tantos problemas seriam evitados ou resolvidos se aprendêssemos a viver o momento presente, sem nos arrepender do passado ou nos angustiar pelo futuro.

Precisamos relembrar o lado bom de ter autonomia de pensar e a liberdade de decidir, mas também ter a maturidade de lidar com as consequências das nossas ações. Mais que tudo, simplesmente aceitar quem somos. Temos que perder o medo de nos assumir como pessoas únicas, com todas as nossas múltiplas complexidades. E jamais esquecer a beleza de ser quem somos e de que ninguém tem o direito (ou o poder) de tirá-la de nós.

"Desistir não é e nunca será uma opção. Temos uma missão de realizar a nossa revolução humana nesta vida e nos tornarmos pessoas melhores."

LÍGIA SATO

Lisiane Del Ré

Meu nome é Lisiane Del Ré, sou natural de Monte Belo do Sul/RS, mas atualmente resido em Passo de Torre/SC.

Sou técnica em Contabilidade e mentora de mulheres. Formada em terapia e em Psicanálise e especialista em canalização. Sou criadora do Método LDR e vice-presidente do Casa Luz – Instituto de Crescimento Evolutivo.

Agradeço a Deus pelo dom que recebi, aos meus pais Antônio e Nelsi, minhas irmãs Laís e Letícia, meu marido Kleber, minha sobrinha Laiane e meus cunhados João e Ronaldo por respeitarem minha escolha; e ao meu filho Miguel, por ser meu fiel companheiro nessa aventura.

Minha história é uma prova de que é possível superar desafios e encontrar a luz. Você pode falar comigo pelos canais a seguir.

lisidelre_oficial
lidelre@outlook.com
+55 (54) 99627-2701

21 DESPERTANDO A FORÇA INTERIOR COM PROPÓSITO

Por Lisiane Del Ré

A vida desde cedo me levou por caminhos tortuosos, repletos de desafios e obstáculos que pareciam insuperáveis. Em meio a essas dificuldades, fui testada, moldada e, às vezes, até quebrada. Mas foram nesses momentos de dor e adversidade que descobri a verdadeira força que reside dentro de mim. Ao longo da minha jornada, enfrentei inúmeras batalhas.

Tive uma infância marcada por desafios familiares, como alcoolismo, falta de recursos financeiros, falta de estrutura familiar. Sem grandes perspectivas de ter sucesso porque eu era menina (mulheres acabavam virando mães e cuidando da casa), a dor, o medo e a incerteza do futuro eram companheiros constantes. Em uma cidade de interior, sem crianças por perto, sendo filha única até os 8 anos, a solidão tomava conta dos meus dias. A conversa com "amigos imaginários" e as orações que a minha avó me ensinava traziam um pouco de alento ao meu coração e iam despertando em mim uma esperança de que algo muito grandioso podia acontecer. Foi nessa fase que despertou em mim uma fé inabalável. Na minha mente, tudo se resolveria se eu acreditasse com o coração e falasse com o criador.

Aos 19 anos, iniciei minha jornada profissional, quando surgiu uma oportunidade de estágio em um banco. Disputei a vaga com mulheres elegantes, bem vestidas e maquiadas. Senti-me deslocada pela minha simplicidade, mas fui eu mesma e fui contratada, sem roupas caras, sem maquiagem e sem salto, mas com muita empatia e vontade de vencer. Essa experiência foi a primeira virada de chave em minha vida, aqui tive minha primeira lição: não precisava de tesouros, minha maior riqueza estava dentro de mim. Minha essência, amor, fé e empatia me deram a oportunidade de conquistar o cargo, era o início de um sonho, o primeiro passo para ter uma carreira de sucesso.

Enquanto tentava encontrar meu lugar nesse novo ambiente, enfrentei um obstáculo inesperado: minha mãe adoeceu. Nesse momento, pensei em desistir, abandonar meu trabalho, mas algo dentro de mim me dava a certeza que tudo ficaria bem. Mesmo sendo muito jovem, assumi o papel de figura materna para minhas irmãs e, de certa forma, fui mãe dos meus pais nesse período. Era tanta responsabilidade que precisei buscar ajuda na terapia, para conseguir manter meu trabalho e cuidar da minha família. Aqui tive outro aprendizado: pedir ajuda não significa que sou fraca, mas que sou tão forte que assumi responsabilidades que não são minhas; por isso, preciso de ajuda. Foi durante esse esse tempo que tive meu primeiro contato com as terapias holísticas e fiz meu primeiro curso de Reiki, buscando proporcionar, além do meu alívio, uma melhora para a saúde da minha mãe. Não podia aceitar um diagnóstico médico que tinha um aparecer inconclusivo. De fato, minha mãe teve uma melhora surpreendente com os meus atendimentos de *reiki.*

O tempo passou, algumas pessoas próximas me procuravam para atendimentos, aconselhamentos, conversas, queriam entender mais como eu conseguia superar tudo isso sozinha. Nessa fase, entendi que algo maior rege toda nossa existência, e que se eu tivesse força, coragem e disciplina, conquistaria o que até então parecia ser algo distante: ter uma vida leve e abundante, independentemente da minha história. O meu futuro só dependia da minha determinação. Minha maior motivação sempre foi entregar o meu melhor e fazer as pessoas se sentirem bem. Sem entender muito bem, seguia no mundo corporativo, sempre buscando algo a mais que não sabia explicar, mas que minha voz interior insistia em procurar, pois minha missão ainda não estava sendo cumprida aqui.

A chegada de meu filho Miguel foi outro marco em minha busca. Ele foi tão amado e desejado por mim. Com 33 dias de vida, durante a amamentação aconteceu um engasgo e veio o diagnóstico devastador de tetraplegia. Devido ao incidente, fui tomada por pelo sentimento de culpa, medo, revolta, recusa. Por alguns momentos pensei em desistir, mas dentro de mim algo me dava forças para lutar e esperança de que eu podia mudar essa realidade.

Com determinação e fé inabaláveis, dediquei-me inteiramente à recuperação dele, busquei inúmeras formações de terapia para garantir seu bem-estar, ouvi minha intuição e, hoje, agradeço ao Criador, pois meu filho está saudável e sem sequelas. Mais uma vez confirmei que a espiritualidade se fazia presente quando buscava por ela.

Decidi então que eu precisava impactar vidas, mostrar essa verdade e trazer luz aos corações desacreditados, aos que já não se permitem sonhar e vivem na lamentação. Mesmo com percalços, desaprovação do meu marido e julgamentos encontrei força e coragem para retornar ao mercado de trabalho. No mundo corporativo fiz grandes amizades, conheci pessoas incríveis, convivi com pessoas que me mostraram o que eu quero e o que eu não quero ser, assumi cargos de coordenação, alcancei uma posição de respeito e reconhecimento, com uma liderança nata, mas o que mais me motivava era fazer a diferença na vida das pessoas, ajudá-las a encontrar seu propósito e sua missão de vida.

A pandemia foi a grande virada de chave, trouxe clareza e grande transformação em minha vida. Com a perda de pessoas próximas, senti a necessidade de buscar orientação espiritual. E através dessa jornada espiritual que encontrei meu propósito: ajudar outras mulheres a aceitarem sua essência, descobrirem sua força interior, fazerem o que amam, independentemente de julgamentos, assim como eu fiz. Entendi que não devia olhar para os meus desafios como lamentação, mas como oportunidades de crescimento e evolução; vitimizar me deixava fragilizada diante dos outros e sem poder de ação, encarar a realidade e me assumir como terapeuta era a oportunidade de ser protagonista da minha vida.

Decidi seguir meu coração e abraçar completamente o mundo das terapias e da orientação espiritual. Em uma jornada de autodescoberta, superação, aprendizado e consciência, tomei a grande decisão e, para isso, foi necessário me afastar de tudo o que me limitava de ser eu mesma. Assim, mudei-me para uma cidade com mais de 300 km de distância. Apesar das incertezas, dos medos e do desconhecido, encontrei realização e plenitude nessa independência recém-descoberta.

Hoje tenho um método autoral e guio mulheres a equilibrarem a vida pessoal e profissional com a liberdade de serem elas mesmas, auxilio a descobrirem sua essência, superar circunstâncias e perseguir suas paixões. Tenho transformado vidas utilizando meu método, com o auxílio da canalização e terapia, e cada dia elas me inspiram e motivam a continuar nessa jornada. Espero que minha jornada sirva como um lembrete de que nunca é tarde para encontrar seu propósito e abraçar seu verdadeiro eu. Juntas, podemos nos apoiar nessa incrível jornada chamada vida.

Relato alguns dos meus aprendizados a seguir:

• Você sempre será a vilã quando deixar de agradar os outros: aprendi da maneira mais difícil que tentar agradar a todos é uma missão impossível. Quando finalmente decidi seguir meu próprio caminho, muitos me viraram as costas, julgaram minhas escolhas e me rotularam como a "vilã" de suas narrativas. Mas percebi que a única pessoa que eu realmente precisava agradar era a mim mesma.

• Todo mundo gosta de você até você se destacar no que faz: às vezes, o sucesso e o brilho pessoal incomodam aqueles que preferem nos ver na sombra de suas próprias inseguranças. Descobri que quando você se destaca, quando mostra ao mundo o que é capaz, nem todos estarão dispostos a aplaudir. Mas isso não deve nos deter. Devemos seguir em frente, confiantes em nossas habilidades e no valor do nosso trabalho.

• Elimine as pessoas da sua vida em silêncio, elas sabem o que fizeram: nem todas as relações são construtivas. Às vezes, precisamos nos libertar do peso, da negatividade e da toxicidade, mesmo que isso signifique seguir em frente sem olhar para trás. Não precisamos justificar nossas escolhas para aqueles que não valorizam nossa presença. Às vezes, o melhor ato de autocuidado é o afastamento silencioso.

Agora, exponho algumas das minhas convicções:

• Minhas cicatrizes me conduziram em minhas conquistas: cada marca em minha pele, cada ferida em minha alma, é um lembrete do quanto eu lutei e do quanto cresci. Minhas cicatrizes são testemunhas silenciosas da minha resiliência e da minha determinação em superar qualquer obstáculo que a vida coloque em meu caminho.

• Minha jornada é moldada por desafios, mas minha capacidade de superação é infinita: por mais difícil que seja o caminho à frente, sei que tenho dentro de mim a força necessária para enfrentar qualquer desafio. Cada obstáculo é uma oportunidade de crescimento, e cada queda é uma chance de me levantar ainda mais forte do que antes.

• Na busca pela autodescoberta, cada passo que eu decido dar é uma vitória: a jornada rumo à autenticidade e à plenitude pessoal é repleta de altos e baixos. Mas cada passo dado em direção ao meu verdadeiro eu é uma vitória para mim mesma. Cada momento de autorreflexão, cada escolha que me aproxima da minha verdadeira essência é uma celebração do meu crescimento e da minha coragem.

Se você está passando por um momento de dor, sentindo-se perdida ou desencorajada, saiba que não está sozinha. Você é mais forte do que imagina, mais capaz do que pensa. Se eu consegui superar minhas próprias adversidades e encontrar meu caminho, você também pode. Estou aqui para ajudá-la em sua jornada de autodescoberta e crescimento. Fale comigo nas redes sociais e ganhe uma sessão. Estou ansiosa para ser parte do seu processo de transformação. Juntas, podemos enfrentar qualquer desafio e conquistar nossos sonhos mais audaciosos. Acredite em si mesma, pois eu acredito em você.

"Minha jornada é moldada por desafios, mas minha capacidade de superação é infinita."

LISIANE DEL RÉ

Dra. Ludmilla C
MÉDICA

Ludmilla Costa

Sou Ludmilla Costa. Nasci em Goiás/GO e, atualmente, vivo em Santa Catarina. Sou médica, mestranda em Ciências da Saúde, escritora e mentora de produtividade para mulheres.

Tudo começou com a faculdade de Administração de empresas, depois MBA em Gestão de Projetos e especialização em Gestão de Pessoas, com certificações internacionais, além de premiações no âmbito estadual e nacional por resultados de projetos com otimização de tempo e redução de perdas financeiras.

Muito além dos títulos, sabemos que quando se trata da nossa vida, "na prática, a teoria é outra". e eu me perguntava: "Como ser dona do meu tempo?". Estou aqui para compartilhar com você a minha jornada de descoberta e transformação.

ludmillacosta.produtividade

ludmillafcosta@gmail.com

+55 (48) 98853-1001

ludmillafcosta

22 SER DONA DO SEU TEMPO: NÃO É SOBRE TER TEMPO LIVRE

Por Ludmilla Costa

Tudo começou em maio de 2010, num dia de trabalho normal, em que logo após o almoço voltei para o escritório. Ao ligar o computador, percebi algo diferente: sentia-me fraca, sem coordenação motora, com a visão meio "borrada", uma certa tontura e os pensamentos emaranhados como uma nuvem escura na cabeça. Era preciso dizer em voz alta: "Não me sinto bem. Podem me levar ao hospital?" Mas havia outra voz relutando: "Não é nada, espere, que com o tempo vai passar, continue seus afazeres do trabalho."Acordei vendo aquelas luzes brancas, paredes brancas. Dei-me conta de que estava em um ambiente hospitalar, mas não me lembrava como tinha chegado até lá. A enfermeira percebeu meu despertar e disse: "Olá, moça, o médico virá falar com você."

Passou um tempo

O médico veio e disse: "Olá, Ludmilla, você chegou aqui com a glicose altíssima. Não foi necessário UTI, mas você deve procurar um endocrinologista, pois, ao que parece, você tem diabetes tipo 1, geralmente é por autoimunidade, e você vai precisar de insulina. Vou lhe dar alta e amanhã, sem falta, busque esse especialista."

O mundo parou nesse momento e eu entendi que iria morrer em pouco tempo. Sabe quando você se sente invencível e nada pode lhe abalar? Eu me sentia assim nessa época – com 22 anos de idade –, a maioria de nós pensa assim quando jovens: "nada pode nos parar". Pois bem, foi aí que acabou esse pensamento. Eu estava sozinha ali, buscando na memória o que seriam essas palavras: glicose, diabetes, insulina, endocrinologista... O que é tudo isso?

O tempo parou

Cheguei em casa e essa foi a noite mais longa de toda minha vida. Milhões de pensamentos circulavam na minha cabeça, entre eles o medo do porvir (como seria a partir de agora?), as lindas lembranças dos sonhos esquecidos (casar e ser mãe, escrever um livro, viajar até o fim do mundo, ser médica...) e a pergunta: "Viverei todos eles?". A resposta para o momento era: não tenho mais tempo.

Eu havia terminado a primeira pós-graduação e tinha três trabalhos (analista de negócios, professora universitária e em pós-graduações nos finais de semana) que consumiam meu tempo (80 horas/semana), e, com ele, se esvaía a minha saúde mental e física. Eu não tinha tempo para me dedicar a interesses pessoais, e isso não fazia sentido para mim, eu entendia como "perda de tempo".

E mais perguntas surgiam na minha mente: "E se eu tivesse tempo sobrando... O que eu faria? O que eu gosto de fazer?". Eu não tinha respostas e, nesse momento, me dei conta de que havia perdido o lado doce de viver, mas a vida me obrigou a olhar para o que estava negligenciando a algum tempo. Surgiu um sentimento de culpa e desesperança por estar fazendo tudo "errado". Veio a depressão e junto com ela uma tentativa contra a própria vida, onde o abraço e o colo de mãe foram curadores e me trouxeram de volta.

E o tempo continuou

Então, veio a necessidade de "tocar o bonde", aprender a viver com uma condição de saúde que exige cuidados 24 horas, todos os dias e sem férias. O tempo havia colocado mais um desafio. E eu estava determinada a dedicar-me para mudar a minha situação, apesar de saber que ainda não existe cura para o diabetes tipo 1 (dm1), apenas precisamos seguir o tratamento, que é a terapia com injeções diárias de insulina, alimentação saudável, exercício físico e contar com rede de apoio profissional e familiar.

Um grande fator de alívio foi encontrar na internet a história de uma senhora de 80 anos que viveu com diabetes tipo 1 desde a adolescência e, por ter se cuidado, não tinha complicações relacionadas (ufa! Existe um caminho!). Trilhando esse caminho, encontrei profissionais de saúde no Brasil e na Argentina que me apoiaram e me ensinaram a lidar com tudo isso, tornando mais leve o dia a dia. E deixo aqui o meu muito obrigada à Dra. Badias Florencia, Dra. Tallita Trevisan, Dra. Julia La Pastina e RedeDedicar – comunidade de apoio a pessoas com dm1, onde sou voluntária. Vocês foram e são essenciais no meu caminho.

O tempo de mudança

Por outro lado, fui tratando de abrir espaço na agenda para estar presente na minha vida e posso lhe dizer que isso foi mais difícil que encarar as injeções diárias de insulina. Embarquei em um processo de transformação pessoal que incluiu mudança de mentalidade, estabelecendo novos hábitos e construindo um novo estilo de vida que abarcasse a vida por completo, priorizando saúde e bem-estar. Aproveitando-me de algo que sempre me perguntavam ("Lud, como você consegue fazer tanta coisa?"), comecei a realmente catalogar essas respostas para aplicar de forma intencional.

Ter clareza de objetivos, priorizar o que é importante, organizar uma rotina com leveza e decidir sobre o que fazer com o meu tempo: isso é ser verdadeiramente dona do meu tempo. E foi o que me fez aprender a focar o ser e aproveitar a vida de forma significativa, com propósito, coragem e determinação – não como uma "guerreira", mas como uma mulher completa em sua essência feminina. Durante esse processo, dediquei-me a experimentar o poder do autocuidado e este me ajudou a reconhecer meus próprios limites, abraçando a ciclicidade e potência do ser mulher, gerando confiança para estabelecer limites saudáveis em vários aspectos da vida, inclusive nas relações mais próximas. Esse caminho me possibilitou apoiar outras mulheres nesse processo de mudança.

Realizar o impossível foi uma questão de tempo

Tudo muda quando alguma coisa muda dentro de nós e, durante esse processo, o "algo modificado" me trouxe de volta a capacidade de sonhar com o impossível.

Mas, antes, preciso te contar algo: lembro-me que quando era criança eu gostava de brincar de professora e de médica. Além disso, eu admirava ver o meu pai lendo livros enormes, que para mim eram como troféus. Eu sonhava um dia ler esses livros, mas meu grande sonho mesmo era fazer faculdade. Para isso, aos 12 anos, tomei minha primeira grande decisão: ir de bicicleta para a escola, que ficava a 10 km de casa, pois não tinha dinheiro para o transporte e não queria perder a vaga no melhor colégio da região onde morávamos, em Palmas/TO. Então, eu ia e voltava feliz e com o sol a pino quase queimando a minha cabeça.

A disciplina e a resiliência se forjaram aqui, em meio a sensação de liberdade (sentindo a brisa do vento em meu rosto) e a tranquilidade advinda da confiança que tudo daria certo, no momento certo, que bastaria confiar, ter uma fé i-na-ba-lá-vel. Isso fez eu me reconectar com um desejo adormecido, que por um tempo acreditei ser impossível.

O tempo de mudança (assustadora) de carreira

Iniciou com um sonho muito real, daqueles que, ao acordar, sentimos até o cheiro de terra e de flores. No sonho, eu estava em uma casa de barro sendo preparada para atender pessoas. Um senhor lia um grande livro e uma senhora ensinava-me a montar uma mesa de procedimentos. Nos dias subsequentes, recebi perguntas do tipo: "Por que você não estuda medicina?".

Fui em uma palestra, a convite de última hora, e quando cheguei no local, o tema era "Jesus, o médico dos médicos." Eu me sentia velha demais para iniciar um novo curso de graduação, gostava do que eu fazia, orgulhava-me do caminho que havia feito até então, mas tinha a sensação de que faltava algo. Então, disse para mim mesma: "Ok, chegou o momento".

E a vida se encarregou de mudar todo o cenário e desenhar possibilidades para seguir: negociação para finalizar projetos em andamento, pedidos de demissão, reorganização financeira... Tudo mudou, literalmente, no tempo certo. "Abandonar" o mundo empresarial para mergulhar na Medicina era algo que há muito tempo me entusiasmava, e isso ganhou uma força sem precedente quando comecei a entender mais a respeito do mundo das doenças crônicas (que inclui o diabetes).

Muita coisa aconteceu desde que entrei na faculdade: trancar a matrícula, transferência, crise de saúde e, finalmente, chegar ao final. Durante esse processo, me senti deslocada, perdida no assunto e, para não enlouquecer, reconheci que estava enfrentando algo difícil. Isso me permitiu desenvolver uma nova mentalidade sobre como aprendemos.

Conectei-me com a arte de domar o ego, colocando-me como aprendiz, e isso também foi complexo.

Agora é tempo de romantizar e se amar

Percebo que "o doce da vida" tem se mostrado presente no pessoal e no profissional, inclusive de forma poética. Compartilho aqui um texto meu para inspirar você:

> *Viver este processo é como despertar uma semente rumo ao desconhecido, atraída por um chamado latente. Sem entender completamente essa voz, ela persiste, desafiando limites, expande-se e experimenta uma força interna oculta. Pouco a pouco, testemunha sua capacidade de se transformar. Então, num instante, a escuridão dá lugar ao infinito do céu. A semente não pode mais ser apenas uma semente. Tornou-se a própria busca, sua forma é sua jornada, e o silêncio ecoa. Ela não pode mais se calar. Sabe que é na vulnerabilidade que está o poder da vida que se agiganta. Na ousadia de continuar e na teimosia de existir, a planta cresce quando ninguém a vê e forma suas raízes. É preciso paciência e coragem para contemplar o desenvolvimento. E diante de toda essa potência, aceitar suas ansiedades, confiar no processo e se permitir avançar diariamente, afinal o mais importante é o progresso. O resultado sabemos que leva um tempo.*

Hoje, sou médica e estou construindo uma carreira mais alinhada com meus sonhos, valores, propósito e experiências salutogênicas (advindas do meu caminho pessoal com o diabetes tipo 1). Olhando para trás, vejo que pouco a pouco a minha bagunça interna foi dando lugar a algo novo e a transformação foi acontecendo. Por mais que o passado tenha deixado suas marcas (e as cicatrizes são um sinal de que você sobreviveu), o futuro é uma tela em branco e está em nossas mãos fazer **escolhas que tragam mais vida para nossa vida**. Isso é **ser dona do seu tempo**, aproveitando-o para **se amar cada dia mais no caminho**, pois você é a pessoa mais importante da sua vida.

"Nós somos capazes de nos ativarmos e transformarmos nossa própria realidade com o autoconhecimento, gestão do nosso tempo e ação."

LUDMILLA COSTA

Magali Soletti

Sou a primogênita de Maria Elena e Amilton, filha amada de Deus e mãe de cinco filhos, dois deles não estão aqui entre nós. Tenho dois genros e dois netos. Com Renato, há 40 anos, compartilho uma jornada incrível de grandes conquistas.

Minha tarajetória acadêmica foi desafiadora. Cresci em um lar em que o potencial das mulheres não era reconhecido, mas, com persistência e determinação, conquistei três graduações em Letras, Pedagogia e Estética. Busquei ainda algumas especializações, sendo uma delas em Sexualidade Humana. Obtive certificações, como *master coaching*, pela Febracis.

Há cinco anos, atuo como *coach*, mentora e palestrante, auxiliando as pessoas a despertarem e alcançarem 80% do seu potencial máximo. São mais de quinhentas vidas impactadas e 2300 horas de formações e atendimentos.

magali.soletti

23 DESPERTAR PARA UMA VIDA PLENA

Por Magali Soletti

Minha jornada de despertar: uma história de transformação após a adversidade

Minha jornada de renovação teve início há alguns anos, em 2019, quando me submeti a uma cirurgia de histerectomia total. O que era para ser uma intervenção comum, tornou-se um desafio monumental. Após a operação, enfrentei complicações inesperadas que me levaram de volta ao centro cirúrgico e, posteriormente, à UTI. Foi um período marcado pela fragilidade e pela incerteza, em que a vida e a morte se entrelaçavam de maneira íntima e assustadora.

No entanto, foi também um momento de profundo aprendizado. Descobri que minha força não residia na vaidade ou no orgulho, mas sim na humildade e na aceitação da minha própria vulnerabilidade. O apoio incondicional da minha família foi meu alicerce durante essa jornada turbulenta. E mesmo nos momentos mais sombrios, senti a presença divina guiando cada passo, cada respiração, cada batimento do meu coração, nada passava despercebido a Ele e em todos os detalhes sentia essa presença divina.

A recuperação foi árdua e repleta de desafios, mas também foi um período de renascimento. Ao retornar para casa, percebi que minha batalha estava longe de terminar. A dor física havia diminuído, mas uma tempestade emocional ainda persistia dentro de mim. Busquei respostas, clamei por orientação e encontrei conforto na fé que me sustentava, na certeza de que cada desafio era uma oportunidade de crescimento. Sentia-me ingrata pois sabia que havia tido uma segunda chance e precisava aproveitar da melhor forma.

Decidi que não aceitaria uma vida medíocre. Inspirada pelo versículo bíblico, que está em João 10:10, o qual me garantia uma vida plena: "Eu vim para que todos tenham vida e vida em abundância.". Abracei a promessa de uma vida abundante. Mesmo quando a jornada parecia insuportável, mantive-me firme na convicção de que cada obstáculo era uma oportunidade de crescimento e uma prova do amor e da graça divina.

O recomeço de tudo

O verdadeiro recomeço veio em 2019, quando decidi viver uma vida plena e abundante, encontrando coragem nas palavras de Jesus para reescrever minha história. Busquei conhecimento e ferramentas para cultivar minha inteligência emocional e redescobrir meu propósito de vida. Através do desenvolvimento do resgate da minha identidade, consegui sair da escuridão para luz.

Ao fazer isso, percebi que minha história não era apenas minha, mas também a história daqueles que amo, daqueles que estiveram ao meu lado durante os momentos mais difíceis e que compartilharam minha dor e minha alegria. Uma nova história começou a ser escrita, deixando para trás o que era antigo e tudo se renovou em minha casa e vida. Hoje, meus netos e as gerações futuras não precisarão mais carregar o fardo dessa herança de dor e sofrimento. Todos terão a oportunidade de viver uma vida plena, leve e feliz.

Propósito e missão

Ainda em 2019, decidi me aprofundar em inteligência emocional, neurociência, física quântica e psicologia positiva para uma transformação contínua. Iniciei uma jornada de formações e de autoconhecimento. Encontrei meu propósito: ajudar aqueles perdidos em si mesmos a descobrirem uma vida plena. Minha principal missão é minha família, enquanto minha outra missão é guiar outras pessoas para uma vida abundante. Entendi que a conexão com Deus é essencial, e agora assumo a missão de ensinar essa conexão.

Assumi, então, o compromisso de compartilhar minha jornada com o mundo. Encontrei no ensino e no apoio aos outros minha verdadeira vocação. Minha missão agora é ajudar aqueles que estão perdidos a encontrar o caminho para uma vida plena e significativa, para que possam também experimentar a alegria e a gratidão que acompanham a descoberta do propósito de vida.

Com este livro, espero inspirar outras pessoas a despertarem para seu potencial máximo, pois acredito que todos merecem viver uma vida de plenitude e propósito. Juntos, podemos superar qualquer adversidade e alcançar a felicidade que tanto almejamos.

Minha jornada de transformação tem sido uma experiência composta de emoções, desafios e aprendizados. Cada momento desafiador me fortaleceu e cada vitória me inspirou a continuar avançando. Descobri que a verdadeira força reside na vulnerabilidade e na capacidade de aceitar a ajuda dos outros. Não foi fácil admitir minhas fraquezas, mas foi isso que me permitiu crescer e me tornar a pessoa que sou hoje.

Durante a minha trajetória, também aprendi a importância da gratidão e da fé. Mesmo nos momentos mais sombrios, sempre encontrei motivos para agradecer e acreditar que algo maior estava me guiando. A fé me deu esperança quando tudo parecia perdido e a gratidão me ensinou a valorizar cada pequeno momento de alegria e felicidade.

Além disso, descobri o poder da compaixão e da empatia. Ao compartilhar minha história com outras pessoas, percebi que não estou sozinha em minhas lutas e que todos nós enfrentamos batalhas internas. Isso me deu uma nova perspectiva sobre a vida e me motivou a ajudar os outros da mesma maneira que fui ajudada.

Hoje, olho para trás com gratidão por tudo o que passei. Cada desafio, cada obstáculo, cada lágrima valeu a pena, pois me trouxe até aqui. Estou mais forte, mais sábia e mais determinada do que nunca a viver uma vida plena e significativa. E estou pronta para enfrentar qualquer desafio que o futuro possa trazer, sabendo que tenho o apoio daqueles que amo e a orientação de uma força maior.

Minha jornada continua e estou ansiosa para ver o que o futuro reserva. Sei que haverá mais desafios e obstáculos pelo caminho, mas estou preparada para enfrentá-los com coragem e determinação. Aconteça o que acontecer, sei que sempre encontrarei uma maneira de crescer e me tornar uma versão melhor de mim mesma. Esta é a minha jornada de despertar e estou pronta para abraçá-la com todo o meu ser.

Neste caminho de autoconhecimento e transformação, encontrei inspiração em diversos livros que compartilham ensinamentos valiosos sobre inteligência emocional e crescimento pessoal. Um dos livros que mais me impactou foi *Inteligência emocional*, de Daniel Goleman. Nele, aprendi sobre a importância de compreender e gerenciar minhas próprias emoções, bem como a importância de cultivar relacionamentos saudáveis e empáticos.

Outro livro que foi fundamental para minha jornada foi "O poder do agora", de Eckhart Tolle. Esta obra me ensinou a valorizar o momento presente e a encontrar paz e serenidade através da prática da atenção plena. Com as palavras sábias de Tolle, aprendi a liberar o peso do passado e as preocupações com o futuro e a, simplesmente, estar presente no aqui e agora.

Também preciso mencionar o livro *Mindset: a nova psicologia do sucesso*, de Carol S. Dweck, que me ensinou a importância de cultivar uma mentalidade de crescimento, em que os desafios são vistos como oportunidades de aprendizado e crescimento. Esta perspectiva mudou, fundamentalmente, minha abordagem em relação aos desafios e me deu a coragem de perseverar diante das adversidades.

Esses livros, juntamente com muitos outros, foram como faróis de luz em minha jornada escura, guiando-me em direção à autodescoberta e crescimento pessoal. Eles me ajudaram a encontrar respostas, a ganhar perspectiva e a fortalecer minha determinação de viver uma vida significativa e plena.

À medida que continuo minha jornada, sei que ainda há muito a aprender e a descobrir. Estou aberta a novas experiências, novos ensinamentos e novas formas de crescer e evoluir. E, acima de tudo, estou grata por cada momento desta jornada, pois sei que cada desafio, cada vitória, cada lágrima tem sido parte essencial do meu processo de despertar e de transformação. E é com essa gratidão e determinação que continuo avançando, pronta para o que o futuro possa trazer, confiante de que estou no caminho certo para uma vida de plenitude e propósito.

Quero convidar cada leitor(a) a fazer deste capítulo um marco na sua história, um motivo a mais para despertar para uma vida plena, assumir seu posicionamento e seguir firme no seu propósito de vida, cumprindo a missão que lhe foi confiada. Conte comigo para conquistar outros níveis de desenvolvimento. À medida que continuamos nossa jornada de crescimento pessoal, podemos nos apoiar mutuamente, trocar experiências e aprender uns com os outros. Juntos, podemos alcançar novos patamares de autoconhecimento, resiliência e realização. Então, convido você a se juntar a mim nesta jornada emocionante de autodescoberta e crescimento contínuo. Estou aqui para caminhar ao seu lado e ajudá-lo(a) a alcançar seu pleno potencial.

"Só conseguiremos conhecer o nosso propósito e a nossa verdadeira missão quando estivermos intimamente conectados ao nosso Criador."

MAGALI SOLETTI

Manuela Abrunhosa

Sou a Manuela, nascida e criada em Felgueiras, uma pequena cidade do Norte de Portugal, mas, hoje, considero-me uma cidadã do mundo. Mãe de três filhos, fui professora de Português e Francês durante dezoito anos.

Em 2007, fui para São Paulo com o marido e filho mais novo, e assim iniciei a minha jornada pelo autoconhecimento, na busca de respostas para os desafios do meu casamento. Ao voltar a Portugal, abracei uma carreira no ramo imobiliário, mas sempre cultivando o propósito de manter esta jornada do desenvolvimento pessoal.

Coach, treinadora de inteligência emocional e mentora, lancei recentemente um projeto para relacionamentos amorosos, chamado Love Science Institute, que oferece também um serviço de *matchmaker* para solteiros.

manuabrunhosa

love.scienceinstitute

+351 910 983 801

24 DO MURO DA LAMENTAÇÃO AO CAMINHO PARA A LIBERTAÇÃO

Por Manuela Abrunhosa

— Eu vou para São Paulo – disse ele, com um ar de felicidade e orgulho.

— Você vai para São Paulo? E eu? E os nossos filhos? – indaguei, perplexa.

Naquele dia, o meu marido havia participado de uma reunião com a direção da empresa em que trabalhava e as primeiras palavras que saíram da sua boca quando chegou em casa, depois de um fugaz beijo de boa noite, foram para anunciar uma decisão que ele já havia tomado. Só depois explicou que a empresa estava em fase de expansão e que, dado o fato de ele ter crescido no Brasil, era o melhor candidato para abrir uma filial em São Paulo.

— Você vem também, se quiser – respondeu ele.

Em 2007, estava com 44 anos e o André, nosso terceiro filho, com 2 anos. Já não era a primeira vez que me sentia um apêndice no nosso casamento. Aliás, as demonstrações de falta de cumplicidade eram constantes. A primeira grande desilusão que eu havia sofrido aconteceu dias antes do nosso casamento, quando ele decidiu fazer a reserva da nossa lua de mel junto com sua prima, sem me consultar e contrariando todos os planos que havíamos feito. Após o telefonema em que me deu a notícia, a minha vontade era acabar com tudo e cancelar o casamento, mas, pelo filho que carregava na barriga e o desgosto que eu causaria aos meus pais, não tive coragem.

Ele acrescentou que devia ir a São Paulo fazer um estudo de mercado e acreditei que me levaria com ele, como uma oportunidade para uma segunda lua de mel, contudo, ele tinha outros planos; queria visitar o local onde cresceu e onde costumava passear com a família, mas precisava estar só com as memórias do passado. Depois de eu ter encontrado um bilhete que caiu de um livro, ele não tinha mais como negar que estava em contato com uma ex-namorada e estava previsto encontrarem-se em São Paulo.

Agora, já não era só a raiva e a humilhação que eu sentia, como quando ele se desfazia em simpatia com a professora de ballet da nossa filha, era a traição, mesmo que, até ali, fosse virtual. O meu coração estava todo amassado, como um papel jogado no lixo, mas decidi que não iria desistir do meu casamento. Enviei um e-mail a essa mulher dizendo-lhe que estivesse à vontade para se encontrar com o meu marido, mas ele voltaria para casa, para a sua esposa e filhos. Eu não tinha tanta certeza assim, mas não me dei por vencida. O Orkut viera facilitar o encontro de pessoas que não se viam há anos. e a falta de comunicação e cumplicidade entre nós fez ressurgir uma paixão platônica tardia da parte dele. Decidi perdoá-lo.

Resolvi abandonar a minha carreira docente e seguir com o meu marido para São Paulo, para que o nosso filho pudesse crescer ao lado do pai. Ninguém entendia esta decisão de deixar um emprego que me dava estabilidade e ir morar no Brasil, um país com tanta violência – era o que todos me diziam.

Deixamos os nossos filhos mais velhos, que já estavam na universidade, aos cuidados de si mesmos e dos avós nos fins de semana. Para o André poder crescer ao lado do pai, o Pedro e a Ana viram-se privados dos pais e do convívio com o irmão que eles adoravam.

Para trás, ficavam as preocupações com os empréstimos bancários que a empresa do Luís e do irmão haviam contraído e dos quais eu havia sido avalista. Eu não era sócia da empresa, mas os bancos sempre exigiam a minha assinatura. Embora eu considerasse um risco cada vez que abriam mais uma loja, eu nunca era consultada, assim como não foi esclarecida a responsabilidade que me era imputada ao assinar cada aval. O meu marido trabalhava no banco, era suposto que ele soubesse o que implicaria este processo burocrático. Confiei. Eu era apenas uma professora. Se eles, que eram os sócios da empresa, tinham dívidas nos bancos, a culpa não era minha.

Também confiei que a nossa mudança para o Brasil tinha sido preparada pela empresa que ele trabalhava, para que pudéssemos residir legalmente. Não foi. Alguns meses depois, acabamos em uma situação de imigrantes ilegais com todos os inconvenientes que isso acarretou, tendo conseguido regularizar a situação com uma anistia apenas em 2009. O vínculo com a empresa que nos levou à expatriação acabou por se romper. O Luís fez sociedade com outro amigo, que também não deu certo e a nossa situação financeira ficou complicada novamente. Como se não bastasse, descobri que o Luís continuava a encontrar-se com a sua amiga. Disse que gostava de conversar com ela. Mas que tipo de conversa ele teria com uma amiga que não poderia ter com a esposa?

Percebi que não fazia mais sentido investir em um relacionamento em que não havia respeito. Por mais baixa que estivesse a minha autoestima, houve um momento em que foi preciso dizer basta. Quando eu disse que iria embora, ele ficou perplexo.

— Mas eu nem saio à noite, estou sempre em casa! – argumentou. Depois que chegava em casa, era certo que não saía. A questão era quanto tempo ele estava verdadeiramente comigo e o que fazíamos juntos.

— Esta cadeira também está sempre aqui, sob a mesa, e nem por isso me faz feliz – respondi.

Voltei para Portugal com o meu filho. Alguns meses depois, o Luís conseguiu convencer-me que havia consultado um psicólogo, tinha percebido as suas falhas na nossa relação e que, se eu voltasse, tudo iria mudar.

Desta vez, o meu lado empreendedor deu ouvidos aos elogios em relação aos meus atributos na cozinha e tornei-me uma microempresária individual, criando a Confraria da Francesinha de São Paulo, o que valeu uma reportagem em um jornal português e uma entrevista para a RTP2.

Eu tinha o sonho de abrir um espaço, mas enquanto não tinha o capital, resolvi fazer alguns Festivais da Francesinha, em parceria com restaurantes. Até então, a minha rotina era cuidar da casa, do André, cozinhar e esperar pelo marido que, chegando em casa, pegava o seu copo de whisky e ficava calado, em frente à TV.

A certa altura, o Luís sentiu que a Manuela estava ganhando asas e, pela primeira vez, teve uma demonstração de marido comprometido com a sua esposa, chegando a ir falar com um parceiro dos festivais para se assegurar da sua motivação na nossa parceria, mas não ergueu um dedo para pedir explicações ao dono do restaurante, que não pagou a minha parte, após um sucesso de casa cheia, no festival que ali realizei. Seria normal que o marido defendesse sua esposa, mas quando o pai dos nossos filhos prescinde do direito de três dias de licença pelo nascimento da sua filha para não prejudicar a empresa, habituamo-nos a não esperar por esse tipo de apoio.

Em 2014, decidi que estava na hora de fazer a cirurgia que há anos vinha adiando, pois, desde o primeiro parto, sofria hemorragias intensas devido ao prolapso uterino causado pelos esforços. Infelizmente, enquanto estava me recuperando, vi-me na necessidade de viajar com urgência para Portugal para estar ao lado da minha mãe, devido ao seu estado terminal. Naquelas três semanas que se passaram, ao ver o sofrimento da minha mãe, fiz uma promessa a mim mesma: tinha que pôr um fim no relacionamento tóxico que vivia há trinta anos, antes que ficasse doente.

Com a dor do luto, veio a tomada de consciência de que eu não era a protagonista da minha vida. Ao voltar para São Paulo, senti-me completamente abandonada. Já era habitual que o Luís chegasse em casa só no horário do jantar, e agora tinha arranjado mais uma ocupação para chegar mais tarde – foi aprender a dirigir moto. Faltaram-me os abraços dele e o peito para eu chorar a perda da sogra que o amara como um filho.

Depois de ter encontrado umas pílulas milagrosas e sabendo que não eram usadas na nossa intimidade, sugeri fazermos terapia de casal. Fomos três vezes, mas ele não teve interesse em continuar. Cansei de lutar sozinha pelo nosso casamento e parei de reclamar. Desisti.

Por que levei 32 anos para dar um basta? Dizem que o ser humano aprende pelo amor ou pela dor e a vida vai nos colocando perante experiências semelhantes até termos a coragem de sair da zona de conforto.

Esta dor que me dilacerava o peito me fez ir em busca de respostas e, assim, comecei a trilhar o caminho do desenvolvimento pessoal e espiritual. Até então, não acreditava que houvesse uma força maior a que chamamos Deus, que nos concede a oportunidade de vivermos uma experiência terrena através dos nossos pais e que nos dá o livre-arbítrio para fazermos as nossas escolhas. Assim, fui desenvolvendo, também, um lado espiritual que não tinha, através de leituras, cursos, retiros de meditação e pessoas que foram cruzando o meu caminho, no mesmo propósito do autoconhecimento.

Algum tempo depois, disse ao Luís que queria o divórcio. Através de uma carta que encontrei há pouco tempo, datada de junho de 1994, constatei que a certa altura da vida, ele percebera o quanto eu estava infeliz, dizendo que "tinha matado a Manuela que conhecera, do quanto havia me amado e do quanto havia deixado de me amar"; essa Manuela, às vezes, "parecia querer voltar a viver, mas, como um animal ferido, acossado, pronto a dilacerar quem dele se aproximava". Essa era a mulher que eu tinha me tornado ao longo desses anos. E que ele nada fizera para resgatar. Agora, precisava afastar-me daquele a quem havia dedicado a vida, lamber as feridas e recomeçar uma nova história.

Antes de voltar a Portugal, fiz formação de coaching e descobri um propósito de vida: ajudar outras mulheres que, como eu, viviam em uma roda de rato. Aos 55 anos, estava pronta para escrever um novo roteiro, na cidade de Lagos, onde escolhi morar com o André. Mas não era propriamente escrever em uma página em branco, havia as nódoas do passado. Quando os credores batiam à porta ameaçando penhorar tudo que estava dentro da casa, que era arrendada, eu sentia muita raiva do Luís pela humilhação que me fazia passar. Emoções de baixa frequência, como a raiva e a tristeza, estavam entranhadas em mim, era necessário vibrar no amor.

Ao longo desta jornada do autoconhecimento, percebi que culpa e responsabilidade são coisas diferentes; aceitei a responsabilidade para me libertar de vibrações negativas. Reconhecer e aceitar as nossas sombras é como descascar uma cebola: inevitavelmente, as lágrimas vão surgir, mas só assim podemos tomar consciência de quem somos e para onde vamos.

"O ser humano aprende pelo amor ou pela dor, e a vida vai trazendo situações semelhantes até termos a coragem de sair da zona de conforto."

MANUELA ABRUNHOSA

EOS
Canon

Márcia Couto

Sou Márcia Couto, uma brasiliense que recomeçou a vida aos 40 anos. Sou uma mulher de olhar sensível e sorriso fácil e acredito que tudo tem o tempo certo para acontecer!

Mãe da Nicole, uma menina forte, inteligente e determinada, hoje com 19 anos, e do Pietro, de 14 anos, inteligente e curioso, sempre com uma informação nova. Se eles forem melhores pela minha transformação, essa jornada já valeu a pena!

Sou fotógrafa de mulheres, mentora, palestrante e bombeira militar, desde 2000. Hoje, meu desejo é impactar a vida de mulheres através da minha vida e com a fotografia proporcionar uma experiência única de autoconhecimento e de cura para todas que se permitem viver o processo.

marciacouto.foto

marciacouto.fotografia@gmail.com

+55 (61) 99630-1886

25 RENASCIMENTO: DA DOR À AUTORRESPONSABILIDADE

Por Márcia Couto

"E se tudo fosse possível? Quais escolhas você faria?" A primeira vez que ouvi essa pergunta minha mente entrou em *loop*... O que eu realmente estava escolhendo viver?

Está preparado para descobrir ou relembrar que o que você está vivendo é sua responsabilidade? Se a resposta for sim, seja bem-vindo a um pedacinho da minha história! Não vou contar toda minha jornada aqui (isso ficará para o meu fotolivro), mas quero trazer uma reflexão sobre como somos responsáveis pela nossa própria narrativa e como a vida pode ser incrível e surpreendente, dependendo da forma que a enxergamos.

Em janeiro de 2020, tomei a decisão mais difícil da minha vida: sair da minha casa e romper um relacionamento de 25 anos. Foi uma decisão complexa; tive um medo tão profundo de não conseguir que quase me paralisou, porém, no fundo, eu sabia que era necessário.

Sou a mais velha de três irmãos, a filha disciplinada, que nunca deu trabalho. Comecei a namorar com 16 anos e me casei aos 22 com meu primeiro namorado. Um fato importante e que mudou a primeira fase da minha vida foi minha família se mudar de Brasília/DF para Vitória/ES no primeiro mês desse namoro. Namorei três anos à distância, conversando por cartas e telefone. Era como funcionava nos anos 1990 e, apesar de parecer estranho hoje em dia, era uma forma gostosa de comunicação (ainda gosto muito de escrever cartas).

Em 1999, aos 19 anos, passei no concurso do Corpo de Bombeiros Militar do Distrito Federal e voltei para Brasília, para morar com meus avós. O curso de formação de soldado foi em 2000 e durou treze meses. Vivi meus dias mais desafiadores até então. Descobri o que era resiliência, força e coragem. Foi um treinamento extenuante, que me levava além do meu limite. Muitas vezes, pensei em desistir, mas a vontade de vencer era maior e assim me formei em 101º entre 900 alunos.

A vida seguiu como planejado: casei-me e dois anos depois tive a Nicole. Cinco anos depois, quatro dias antes de eu completar 30 anos, o Pietro chegou, meu bebê arco-íris. Eu tinha alcançado o ápice. Tudo tinha saído como o planejado, sentia-me realizada. Estava com minha família formada, com casa própria, carro, uma vida tranquila. Na minha cabeça, só precisava desfrutar tudo isso, ver os filhos crescerem e envelhecer... Quanta inocência!

Em 2016, a vida veio me mostrar que não seria bem assim. Meu casamento entrou em uma grande crise e, depois de quatro anos, chegou ao fim. Foi um processo sofrido e muito profundo. Eu nunca, em hipótese alguma, havia cogitado que um dia poderia me divorciar e isso me quebrou por dentro. Hoje, percebo que por ter começado esse relacionamento aos 16 anos, não havia adquirido habilidades emocionais nem as ferramentas necessárias para superar aquela crise. Mesmo perto dos 40 anos, eu não tinha maturidade suficiente para enxergar que eu precisaria tomar as rédeas da minha vida, e isso me custou um preço alto.

Foram 25 anos de construção, muitos momentos bons, muitos mesmo, entretanto, o fim foi doloroso, pesado e me impulsionou a um nível que nunca imaginei. E assim, aos 40 anos, eu recomecei!

Como alguns pensam, não foi um ato de coragem. Não em um primeiro momento, mas um movimento em busca de respirar e ter paz. Porém, o que encontrei foi dor, mágoa, sentimento de injustiça, tristeza, vergonha... Eu me sentia vítima da vida e esse lugar era reconfortante, seguro e conhecido, mas estava levando o meu corpo ao colapso. Para completar o caos, a pandemia chegou e tornou tudo ainda mais difícil. Conheci o fundo do poço.

Quando se chega nesse lugar só resta uma opção: subir! E foi nesse lugar em que renasci, em que descobri que eu era responsável pela minha vida, que a forma como estava vivendo era minha escolha, e essa escolha estava me levando a uma vida de sofrimento. Quando entendi o que era autorresponsabilidade, tudo mudou, e é essa parte que quero trazer para você. Foi quando começou a virada de chave e o meu propósito me encontrou.

Em primeiro lugar, precisei procurar por terapia e medicação para tratar a ansiedade. Eu não dormia e nem me alimentava bem. Foram dias sombrios, até encontrar sentido em tudo novamente. Na terapia, descobri que eu não sabia quem eu era, do que gostava, nem conseguia ver um futuro bom, afinal, quem eu era sem ser a esposa, a mãe, a bombeira, a filha? Parecia que eu tinha feito tudo errado e nunca mais seria feliz. Isso não saía da minha cabeça.

Através de uma das psicólogas que me atenderam, conheci um grupo de apoio para mulheres que também estavam vivendo o divórcio. Esse grupo foi muito importante no processo de autodescoberta e crescimento, pois me trouxe um novo olhar: eu não era a única vivendo uma separação difícil, e parte da vergonha desapareceu.E onde entra a fotografia nessa história? Eu já fotografava desde 2018, mas não tinha um nicho definido. Fotografava de tudo um pouco, mas, em 2020, isso mudou.

Na busca em me recuperar, comecei a ler muitos livros e a procurar vários cursos, imersões e mentorias, como o de *coaching* integral sistêmico. Eu queria trabalhar com fotografia e ajudar mulheres. Nessa jornada, encontrei na fotografia feminina meu propósito. Então, fiz um pedido a Deus: que minha fotografia fosse mais que uma imagem, que eu conseguisse mostrar a essência dessas mulheres através do meu olhar. E em fevereiro, nasceu o projeto Elas em Foto.

Convidei as primeiras mulheres através de uma carta. Nos primeiros meses, fotografei amigas e amigas das amigas; mulheres que tinham entendido o meu propósito e estavam dispostas a viver a experiência de se enxergarem comigo. A transformação na forma como elas se viam depois das fotos era real e emocionante. Em pouco tempo, passei a expandir o projeto e alcançar mais mulheres. Enfim, eu tinha um propósito que me impulsionava e me curava também.

Durante o meu ensaio, eu trabalho alguns dos pilares da autoestima, como amor-próprio, autoaceitação, autoconfiança e rede de apoio, e a fotografia é a celebração desse momento.

1. O amor-próprio é promovido através do autocuidado, afinal, a musa precisa parar para se arrumar, se maquiar, cuidar das unhas, arrumar o cabelo e escolher uma roupa.

2. A autoaceitação é incentivada ao ter um olhar positivo sobre si mesma e seu corpo, entendendo que cada marca, seja uma ruga, uma estria ou uma cicatriz, conta a história desta mulher e a torna única em essência. Reconhecendo isso, ela pode partir desse ponto para melhorar o que ela achar necessário, não o que os outros dizem que é.

3. A autoconfiança é fortalecida quando a mulher toma a decisão de viver uma experiência que exige vulnerabilidade e se sente mais forte e capaz a cada etapa, como o momento do ensaio, em que muitas acham que não são fotogênicas ou que não são bonitas, até verem sua beleza revelada em uma imagem.

4. A rede de apoio é promovida ao fazerem parte do meu time de mulheres incríveis. Assim surgiram nossos encontros, que chamo de Encontro com Elas. Uma imersão para mudança de mentalidade, que reflete em todas as áreas da vida.

Essa é só uma parte da experiência, afinal é muito mais que foto. Minhas musas terminam o ensaio conseguindo dizer quem são e com um olhar positivo para a vida, para elas e com os sonhos renovados, além de se verem maravilhosas nas fotos. Através do processo que emprego na minha experiência, uma mensagem poderosa é enviada à mente de cada uma: "Você é linda! Você é corajosa! Você consegue, basta fazer sua escolha!".

Toda mulher deveria viver essa experiência pelo menos uma vez na vida. E, mais uma vez, eu falo por mim: em 2021, fiz o meu primeiro ensaio. Queria saber como era o processo, o que minha cliente sentia desde o começo até o final do ensaio e acabei surpreendida com um processo profundo de ver minha beleza e minha força, de enxergar perfeição no imperfeito através da fotografia.

Hoje, aos 44 anos, estou na minha melhor fase, porque olhei para mim, trabalhei minhas emoções e tenho feito as escolhas necessárias para mudar. As fotos que fiz em 2021 são minha referência da mulher incrível que eu sou, lembram-me como eu estava e aonde quero chegar.

Nesses quatro anos, mais de duzentas mulheres passaram por mim. Já foram mais de seis Encontros com Elas, palestras e ensaios fora de Brasília, podcasts e, enquanto escrevo este capítulo, estou preparando minha terceira exposição fotográfica Elas em Foto, em que algumas mulheres "comuns" têm a oportunidade de se verem como estrelas.

Tenho muito orgulho daquela Márcia, que aos 19 anos escolheu sair do conforto da casa dos pais, mudar de estado para realizar seus sonhos e mesmo que muita coisa tenha saído diferente do planejado, eu agradeço a ela por tudo. Sou grata pelos 25 anos de relacionamento que tive. Fizemos o melhor que podíamos com o que tínhamos e sabíamos. Se hoje sou quem sou, com todas marcas e cicatrizes, contribuindo com outras pessoas e crescendo todos os dias com muito entusiasmo pela vida, é pelo que eu vivi. Minha maior dor virou meu ponto de virada, quando ressignifiquei. Não posso apagar o passado, mas posso olhar para o passado com gratidão, sabendo que sou 100% responsável por criar a minha realidade. Permito-me olhar para o futuro com entusiasmo.

Sou grata por cada mulher que passou por mim, porque assim como eu dou um pouco de mim, cada uma deixa um pouco de si e, juntas, vamos nos curando em uma corrente.

A Márcia que termina este capítulo não é a mesma que começou, e espero que você também não seja o(a) mesmo(a) do início dessa curta jornada comigo. Gostaria que você lembrasse sempre que a vida é feita de infinitas possibilidades e é você quem escolhe a que quer viver. É sua responsabilidade, não desperdice, não terceirize. Seja sincero consigo mesmo e se pergunte: O que você tem escolhido?

E por último, eu te desafio! Entre no meu Instagram e responda à pergunta que faço para minhas musas ao final do ensaio: em três palavras, quem é você?

Quando a gente muda, tudo a nossa volta muda. Escolha todo dia ser feliz. Foi uma honra dividir essa jornada com você!

"Encontrar significado nas experiências é essencial para crescer. Bora praticar esse exercício diário? Persista nesta jornada!"

MÁRCIA COUTO

Fonte: Tamara Pires.

Mel Torezani

Sou Mel Torezani, natural de Uberlândia/MG. Filha de Ana Francisca e José Carlos, esposa do Nelson Torezani, mãe do anjinho Rodrigo e da pequena Ana Luísa.

Terapeuta holística, reikiana, facilitadora de imersões presenciais em autoconhecimento, em diferentes cidades do país, e criadora da Jornada Intuitiva, um processo terapêutico exclusivo para mulheres, com o objetivo de fortalecer a autoestima, desenvolver a autoconfiança, trilhar o caminho do autoconhecimento e ensiná-las a se posicionarem e se priorizarem.

Meu trabalho é alinhado com a minha missão de vida, que é ser canal de amor, acolhimento e transformação na vida de todas as mulheres que passam por mim.

meel.terapeuta

terapeuta.meltorezani@gmail.com

+55 (63) 99112-3883

26 SEMEANDO AUTOCONHECIMENTO E COLHENDO AMOR-PRÓPRIO

Mel Torezani

Desde sempre fui uma pessoa comunicativa. Amava – e ainda amo – distribuir sorrisos, abraços, acolhimento e gentilezas por aí. Sempre quis ajudar em tudo e a todos, desde muito nova sou reconhecida por ter uma sabedoria que ia para além da minha idade. A verdade é que eu sempre tive no meu coração que eu queria contribuir muito com o mundo, só não sabia como e nem o limite disso. Queria tanto que, aos 14 anos, fundei um projeto voluntário chamado SOS Alegria, que tem como missão levar alegria, doações e amor para lugares e pessoas que precisam. Hoje, o projeto continua crescendo com mais de cem voluntários envolvidos.

Fui uma menina madura demais para a idade; as pessoas me pediam conselhos e sempre ouviam, atentamente, o que eu tinha a dizer. Estava sempre pronta para ajudar o próximo, desde amigas e familiares até desconhecidos. Acontece que, muitas vezes, quando eu dizia sim para o outro, eu dizia não para mim. Tinha uma autocobrança enorme e queria sempre suprir as expectativas que colocavam em mim, agradar a todos, e isso me custou muito caro. Não que seja ruim ajudar o próximo, mas é preciso ter um equilíbrio. Na vida adulta, principalmente, é essencial aprendermos a nos posicionar e entender que antes de ajudar o próximo, é preciso ajudar a nós mesmos. Tem um exercício valioso que pratico e ensino para minhas pacientes que também têm dificuldade em dizer não. São três perguntas para fazer a si mesma quando alguém pedir algo a você: Eu posso ajudar? Quero ajudar? Vai me prejudicar se eu ajudar? Seja sincera com você nas respostas e tome sua decisão.

Aos 15 anos, desenvolvi síndrome do pânico, ansiedade e depressão. Tudo junto. Como uma resposta do meu corpo dizendo: “Ei, pare um pouco de olhar para os outros e olhe para si.". Naquele momento, tudo era novo. Eu me via extremamente vulnerável, não queria sair do quarto e nem conversar, sentia medo do escuro, de pessoas desconhecidas e até tentei tirar minha própria vida. Foi aí que eu precisei atravessar uma grande resistência minha e pedir ajuda. Minha família, então, decidiu me levar ao psiquiatra. Mesmo eles não acreditando muito no diagnóstico, comecei um tratamento com remédios e terapia. Todos juravam que eu não tinha motivos para me sentir assim. Mal sabiam eles o quanto eu escondia meus sentimentos, medos e traumas.

Então, aceitei ser cuidada não só por minha família, mas também por minhas amigas e, principalmente, por mim mesma. O tratamento com o psiquiatra e a psicóloga me ajudaram, mas eu precisava de algo ainda mais profundo. Na época, ainda não tinha tido nenhum contato com o autoconhecimento. Minha porta de entrada para esse universo foi quando, no ápice da depressão, pesquisei no Youtube "Como aprender a meditar?" Era mais uma tentativa de me ajudar a sair daquela situação.

Comecei treinando diariamente a meditação, respirando consciente e buscando mais presença. Um dos vídeos que assisti propôs ficarmos um dia inteiro em silêncio, sem contato com outras pessoas, apenas treinando a respiração profunda, a solitude e a presença. E lá fui eu tentar. Na época, eu morava com a minha avó, então deixei um bilhete escrito: "Vovó, vou passar as próximas 24 horas meditando no meu quarto. Não me chame, apenas envie boas energias para mim, quero ficar bem logo. PS: Não estou doida."

Esse dia em silêncio foi importante. Eu me questionei muito e levei um tempo para ter algumas respostas. Além disso, fiquei pensando em tudo que eu poderia fazer por mim a partir daquele momento, como: aprender a me priorizar; respeitar minhas vontades, meus limites; sair do automático e viver com mais presença; ressignificar minhas dores; acolher meus traumas, em vez de fugir deles. Desde então, passei a me tratar de uma forma muito mais amorosa e gentil. É uma grande virada de chave quando aprendemos isso. Fui me conectando com pessoas que também estavam nesse caminho, li alguns livros que me ajudaram bastante, passei a ter mais contato com a natureza, a exercitar mais o estado de presença e gratidão e fui melhorando, aos poucos, até poder retirar os medicamentos.

Eu realmente afirmo que o autoconhecimento salvou a minha vida. É por isso que hoje eu seguro a mão de tantas mulheres que também querem salvar as próprias vidas.

Aos 17 anos, iniciei a faculdade de Psicologia na cidade onde eu morava. Eu já estava muito mais segura de mim e queria ser psicóloga para ajudar pessoas a se sentirem mais seguras também. Lembro-me que, nessa época, eu estava aprendendo a me priorizar e me posicionar, que foi umas das minhas maiores superações.

No ano seguinte me casei e me mudei para Brasília. Foi uma oportunidade gigantesca para me conhecer ainda mais. Comecei a trabalhar, aprendi a me virar, assumi maiores responsabilidades, participei de várias imersões em autoconhecimento e retiro com mulheres. Continuei o curso de Psicologia em uma nova faculdade. Com o passar do tempo, me senti muito sobrecarregada, a depressão e ansiedade pareciam estar voltando. No 5º período, eu estava esgotada. Não me sentia pertencente àquele lugar, não me sentia inteligente comparando com outros colegas. Eu sentia que meu lugar não era ali, pelo menosnão naquele momento. Foi aí que eu tomei a decisão de trancar a faculdade. Fui contra tudo e todos, pois sabiam que eu tinha um dom da escuta, da palavra e que seria uma ótima psicóloga.

Eu me lembro bem do meu posicionamento, na época: "Eu tenho certeza de que mesmo sem esse diploma, vou ajudar muitas pessoas e ter muito sucesso em minha carreira." A verdade é que eu não tinha noção de como isso iria acontecer, mas escolhi ser fiel a mim. Ouvi meu coração e segui minha intuição.

Na época, eu trabalhava em uma empresa como mentora, junto com uma psicóloga e uma nutricionista. Lá, adquiri muita experiência. As minhas líderes me incentivavam muito, davam-me autonomia e acreditavam que eu teria muito sucesso, pois viam na prática como eu me comprometia e ajudava cada paciente que passava por nós.

Comecei a ver outras possibilidades de formação e me encantei com as terapias holísticas e com o reiki. Ali eu consegui enxergar a profundidade e sensibilidade que eu buscava como profissional. Desde então comecei a fazer cursos e formações para me capacitar ainda mais. Passei quatro anos mergulhada em estudos, práticas, vivências e desenvolvendo a minha própria jornada.

Nesse meio tempo, voltamos a morar no Tocantins, concluí minha formação em Terapias Holísticas e continuei trabalhando na empresa de Brasília, em trabalho remoto. Logo em seguida, engravidamos. Eu e meu esposo sempre sonhamos em ser pais, então foi uma felicidade sem tamanho. Estava tudo perfeito até que, no quarto mês, tive um aborto espontâneo inevitável. Naquele momento, nosso mundo caiu. Eu reconheci uma força em mim que nem sabia que existia. Nesse período que vivi o luto por devolver meu anjinho para o céu, pude confirmar o quanto me permitir sentir e acolher meus sentimentos era importante.

Depois desse episódio, minha vida mudou. Encorajei-me a viver meu propósito, vi que a vida é um sopro. Depois de ter "sobrevivido" a esse momento de tanta dor, eu me vi muito forte, capaz e senti que precisava, de fato, espalhar todo meu conhecimento, meu amor, minha sabedoria e meu dom pelo mundo, especialmente para as mulheres. Foi aí que manifestei meu desejo de sair da empresa que trabalhava, a mesma que me ensinou e me inspirou por muitos anos, dando-me oportunidade de treinar ainda mais minha habilidade em atender. Mas eu sentia que ali já estava pequeno para mim, que eu poderia alcançar voos mais altos, ajudando mais pessoas através do meu conhecimento e missão. Ao tomar essa decisão, senti a potência de amar a mim mesma.

Amor-próprio é ter cuidado, atenção e acolhimento com nós mesmas, é olhar para si com mais compaixão, com esse amor que tanto almejamos ter, mas que, na prática, muitas vezes a autocrítica ainda prevalece.

Desenvolvi um processo terapêutico chamado Jornada Intuitiva, que é uma abordagem humana, integrada e acolhedora, idealizada por mim, especialmente para ajudar, amparar e transformar a vida de mulheres que buscam fortalecer sua autoestima, trilhar o caminho do autoconhecimento, aprender a respeitar e impor seus limites, ressignificar suas dores e feridas. É uma jornada profunda, humana, acolhedora e muito transformadora, em que realizo tudo aquilo que eu buscava em outras metodologias terapêuticas e não encontrava.

Nesses anos atendendo e ajudando centenas de mulheres, pude observar alguns padrões; o maior deles é a insegurança, a baixa autoestima. Muitas pessoas pensam que autoestima está relacionada apenas à parte física, e isso pode gerar uma comparação enorme. Na verdade, a autoestima é o resultado do conjunto de crenças que temos sobre nós. Qual valor você dá a si mesma? Quais são suas percepções sobre si? Quais são seus valores? Como são seus pensamentos e sentimentos? Como anda sua energia? Como você se sente emocional e fisicamente?

Como ter uma autoestima elevada se tudo o que você sabe sobre si é baseado no que os outros dizem? Eu bato nessa tecla: não tem como amar aquilo que não conhecemos com profundidade. Por isso, trilhar o caminho do autoconhecimento é tão importante. E o primeiro passo dessa jornada é olhar com mais atenção para si. Parece simples, mas nem sempre é. Vivemos no automático, alimentando crenças que podem nem ser nossas. Estamos acostumadas a colocar outras pessoas como prioridade e, muitas vezes, esquecemos de nós mesmas. Em um mundo de comparações, somos cobradas a nos encaixarmos em padrões que, na verdade, nem nos cabem. Dizem exatamente como devemos ser, parecer ou o que devemos fazer. É fácil ficarmos presas a esse barulho e esquecermos quem realmente somos.

Ter autoconhecimento é primordial para todas as mulheres que desejam se sentir livres e realizadas e eu estou aqui para segurar sua mão e percorrer esse caminho com você! Vamos juntas?

"Se você quer se sentir mais segura, encoraje-se a conhecer a si mesma."

MEL TOREZANI

Patrícia Angélico

Sou a Patrícia e moro em Portugal com o meu marido e os nossos 4 filhos. Depois de seis anos no mundo corporativo, há treze iniciei um processo de desenvolvimento e renovação pessoal, que me trouxe até aqui.

Hoje, ajudo mulheres a vivenciarem a alegria que tinham antes da maternidade, a voltarem a acreditar no seu potencial, a sentirem-se confiantes ao espelho, a procurarem aproveitar os seus dons e a resgatarem a vontade de realizar os seus sonhos.

Escrever um livro sempre foi um sonho e, como acredito que o Universo nos coloca sempre no lugar certo e na hora certa, espero que goste deste capítulo, que se sinta inspirada e pronta para iniciar a sua jornada de transformação, para atingir a sua melhor versão de sempre, para sempre!

patriciangelico.fit

patmar_hlf@hotmail.com

+351 918 653 832

27 EM MIM PARA, EM MIM RECOMEÇA

Patrícia Angélico

Considero-me uma pessoa bastante normal na sociedade dos dias de hoje, mas por outro lado, e precisamente na sociedade dos dias de hoje, admito ser uma pessoa efetivamente fora do normal.

Se esta frase te prendeu de alguma forma, ainda bem! Estamos em sintonia e vamos certamente concordar em mais aspetos. Sinto isso porque me parece que atualmente os valores com que cresci mudaram, a educação dos nossos filhos está totalmente alterada, as pessoas andam impacientes e completamente desprendidas da voz do coração, está tudo muito estranho.

Hoje, com 42 anos e quatro filhos, acredito que o início de todo o resto do meu percurso de vida passe por aqui, por partilhar a minha história e regressar ao início, à dor, ao desafio.

Não tenho muitas memórias dos anos da minha primeira infância. Lembro-me muito bem da minha babá Maria, que cuidava de mim quando era bebê e até cerca dos 6 anos. Lembro-me de alguns momentos passados com a minha irmã mais velha, com quem não passava muito tempo, pois ela é fruto de uma relação anterior do meu pai. Lembro-me do primeiro dia em que fui para a escola com óculos, tinha 6 anos. Lembro-me de estar na sala com a minha avó, talvez com 5 anos, e ela me ensinar a fazer contas através da Caderneta João de Deus. Lembro-me de ver as sombras de pessoas altas circulando pela casa, carregando e depois montando a minha cama em pinho maciço, que até hoje existe. Lembro-me de ter medo da trovoada e de estar deitada na cama da minha avó rezando à Santa Bárbara para a trovoada ir embora depressa.

Mas, talvez, a memória que mais tenha me marcado até hoje e definitivamente determinado muitas das minhas decisões, foi assistir a uma enorme discussão entre a minha mãe e a minha avó, que gritavam sobre contas e dinheiro e, de repente, a minha mãe tombou no chão do mosaico frio do corredor. Acredito que, a partir desse momento e, naturalmente, de forma inconsciente, toda a minha relação com dinheiro ficou marcada até à minha vida adulta.

O que eu hoje consigo ver, de uma perspectiva diferente, é que fui totalmente influenciada pela relação que a minha avó tinha com a minha mãe, pela relação que eu tinha com a minha avó e pela relação que a minha mãe tinha comigo, que mais tarde se replicou por completo na minha relação com a minha filha mais velha. Um padrão claro, que passou de geração em geração. Até que um dia eu me dei conta disso e disse: "Em mim, para!". Não quero mais isso para mim, não é o que eu quero passar para as gerações futuras, eu sou mais do que aquilo que carrego, eu tenho a capacidade de me libertar destas memórias!

Foi nesta altura, em 2020, que comecei a perceber tanta coisa que me limitava e me amarrava. Neste momento, iniciei o caminho à escuridão, ao meu lado mais profundo, ao meu eu interior. Não fui conscientemente à procura de respostas, mas, efetivamente, comecei a encontrar algumas. O interessante é que o caminho para a plenitude, para a mudança e para a libertação começa, precisamente, indo primeiro ao fundo, à origem, à nossa essência. E eu acredito que para esse processo ser autêntico e duradouro, não há outra forma.

Para conseguir fazer isso, foi preciso romper barreiras internas e quebrar preconceitos externos, mas quando percebi que estava no caminho certo, fiquei mais leve, livre, confiante e consciente de ter na mão o poder incrível de moldar a minha existência.

O que acontece em nossa vida não é uma escolha, mas a forma como reagimos a essas coisas, sim. Por isso, nós temos a responsabilidade de nos proteger, de utilizarmos as ferramentas necessárias para nos fortalecer e não entrarmos em desequilíbrio. E nunca se esqueça que não fazer nada também é uma escolha! Por isso, em mim para o que já não me serve e em mim recomeça um novo capítulo, uma nova consciência, uma nova versão de quem eu quero ser daqui em diante.

Se é fácil? Claro que não. As pessoas mais próximas são, muitas vezes, as primeiras a duvidar, a questionar. São os nossos primeiros ladrões de sonhos, parece que somos de outro mundo e, muitas vezes, não nos enquadramos nas conversas. E no início ainda menos, quando o caminho está turvo, quando não há respostas, porque a confiança no novo eu ainda está sendo construída. Portanto, sei que nunca será fácil, porque não somos compreendidos pela maioria das pessoas que não conseguem ver para além das paredes das caixas.

De uma caixa para outra, assim era o meu dia a dia. Da caixa que é a cama para a caixa que é o carro, para a caixa que é o trabalho, passando o dia olhando para uma caixa que era o computador, para regressar à caixa que é a nossa casa e ficar olhando para outra caixa que é a televisão… Quando penso na expressão "pensar fora da caixa", tudo isso me passa pela cabeça!

Mas como começar a trilhar um novo caminho, uma nova forma de estar na vida? Acho que, em primeiro lugar, é importante sabermos que não é preciso mudar muita coisa e de uma só vez. Ter a consciência de que podemos e queremos melhorar, expandir, crescer, é o primeiro passo. Depois, há práticas diárias que podemos aplicar para adquirir novos hábitos que nos tornarão pessoas diferentes. Estar no silêncio, escutar o corpo e os nossos pensamentos, receber os *insights* e termos momentos de tranquilidade. Provocados, conscientes, escolhidos. Para mim, esse é o primeiro passo. Aquele que vem antes de todos os outros, definitivamente!

Até porque se não estamos bem com nós mesmos, como podemos estar bem com e para os outros? Se não enchermos o nosso próprio copo, como vamos servir o dos outros?

Aqui entra o piloto automático, o fazermos por fazer, o estar por estar. Vamos arrastando o corpo só pela obrigação de garantirmos que está tudo feito. E, a partir desse momento, o copo que servimos aos outros fica vazio, sem essência e sem valor. Se uma mulher/mãe não se cuida, não se prioriza, como pode cuidar da sua família? Pois é, esta é a importância de cuidarmos de nós, de nos priorizarmos. E muito é esperado de nós.

Estamos vivendo em um tempo e em uma sociedade que espera que a mulher seja perfeita, completa e plena em todas as áreas da sua vida, enquanto esposa, mãe, profissional, mulher, amiga, filha… Acredito que nós não precisamos ser tudo isso, muito menos provar alguma coisa a alguém, mas é, precisamente, neste processo de tentarmos viver a plenitude que vamos melhorando as capacidades, desenvolvendo novas competências, alterando as crenças e afinando a nossa existência. E é assim que eu acredito que acontece a mudança da nossa forma de estar na vida, tentando todos os dias ser 1% melhor do que no dia anterior, construindo a jornada de transformação pessoal e da nossa melhor versão! Algum tempo depois, quando entendemos estar já em um outro nível de conhecimento, outros valores se levantam.

Eu quero ser um exemplo para os meus filhos, quero que eles se orgulhem de mim, quero deixar um legado para eles. E só consigo fazer isso se viver de forma plena! Olhar para trás e não ter explorado os meus talentos, não ter feito o que mais gosto, não ter conseguido influenciar e ajudar pessoas à minha volta com esta alegria e propósito de vida, será que isso é viver de forma plena?

Algumas de nós nunca iremos sequer ousar tentar, porque viver no nosso exponencial máximo é assustador, pelo menos eu sinto isso: que a pressão será constante, que temos de ter a consistência, coragem e congruência sempre no nível mais alto, dia após dia, todos os dias. Mas será que não vivermos no nosso exponencial máximo não é também assustador?

No fundo, esta é a nossa missão, começando por nos isolarmos e protegermos. Isso vai nos levar a nos conhecermos como nunca e começar a dar de forma incondicional, para conseguirmos chegar ao nível de ajudar os outros, de transbordarmos e influenciarmos muitas pessoas ao redor de todo o mundo.

E se no decorrer desse caminho alguém se inspirar em você e se sentir profundamente ajudado? E se você for a razão para uma pessoa sorrir mais e estar mais feliz ao espelho, perante a sua família e a vida? E se você for o motivo para alguém decidir viver mais um dia? Sim, assusta, pela responsabilidade que representa, mas não tem preço. E cabe a mim dizer: quando você inicia esse caminho, não consegue voltar atrás. É uma escolha para a vida em que você assume a verdadeira disciplina, compromisso e responsabilidade. E tudo isso dá trabalho. Por isso é que se diz que ter sorte dá muito trabalho. Implica tomar decisões difíceis, diminuir o tempo que convive com algumas pessoas que gosta, investir continuamente em você; também implica rejeição e representa constantes saídas da zona de conforto. Mas não é aí que o crescimento acontece, afinal? Eu acredito que sim!

E, para cocriar a realidade que desejo, ao pormenor, materializando tudo o que almejo viver e experienciar nesta vida eu deixo crescer na minha vida a minha liderança pessoal. Deixo crescer na minha vida a calma, a assertividade e a tranquilidade, na realização e conquista dos resultados que quero alcançar. Deixo crescer na minha vida a segurança em mim, na abundância financeira, na concretização de projetos, na consolidação e no crescimento profissionais. Permito-me receber e deixar fluir em mim muitas coisas boas!

Chegou agora a sua hora! Abra o seu coração e receba a mudança. Aceite a grandiosidade que está dentro de você, acredite no seu potencial e perceba que já há dentro de você tudo o que é preciso! Ouça, então, a sua sabedoria interior, a sua intuição e liberte-se de padrões restritivos e crenças limitantes!

Assim, você vai conseguir manifestar a sua vida, em cada detalhe, porque você é merecedora de tudo o que há de melhor, você é capaz de conquistar tudo aquilo que deseja, você é única, incrível, completa e pode ser imensamente feliz!

"Você é merecedora de tudo o que há de melhor, você é capaz de conquistar tudo aquilo que deseja, você é única e pode ser imensamente feliz."

PATRÍCIA ANGÉLICO

Tânia Siqueira

Sou Dra. Tânia Mara Siqueira, cirurgiã dentista, especialista e mestra em Harmonização Orofacial, com curso internacional no Marc Miami Anatomical Institute. Atuo também como professora na Faculdade São Leopoldo Mandic.

Fui premiada em primeiro lugar durante o Face International Congress 2022 e no Congresso SBTI, em 2023, com o painel "MIGAPS para Feminização de Paciente Transgênero", trabalho selecionado para ser publicado em revista internacional.

Sobre o autoconhecimento, muitas vezes um fato impactante nos faz olhar para nós mesmas e ocorre uma mudança de paradigmas no nosso modo de viver. Convido você a conhecer um pouco da minha história neste capítulo.

clinicadrataniasiqueira
clinicadrataniasiqueira
+55 (11) 97237-0074
+55 (11) 98158-1855
www.drataniasiqueira.com.br

28 AMAR E SERVIR

Por Tânia Siqueira

Sou uma pessoa de fé, acredito que Deus nos conduz ao longo da vida para cada um realizar uma linda missão. Olhar com bons olhos tudo o que passamos nos faz fortes para seguirmos confiantes na realização dos nossos sonhos.

A verdade é que sempre fui guiada por Deus para amar e servir aos nossos semelhantes, seguindo os exemplos de Jesus. Julgar menos e entender que somos seres humanos passíveis de erros, que todos nós trazemos dores, fraquezas, inseguranças, que não existem pessoas perfeitas. Que entender o outro também nos permite sermos entendidos.

Chegamos a esse mundo em uma família e, através do convívio e de exemplos de cada membro dela, aprendemos e evoluímos para chegar na idade adulta com a construção dos nossos valores e as nossas próprias convicções. É importante descobrirmos, o quanto antes, no fundo de nossas almas, quem somos, entendermos as nossas atitudes, quais são os nossos propósitos para a vida fazer sentido.

Nasci no interior de São Paulo, sou filha de pais professores de escola pública. Trabalhavam de dia e estudavam à noite para serem melhores na profissão que escolheram por amor. Com muito esforço, mantiveram eu e minha irmã em um colégio de freiras, pois valorizavam muito a educação. Sendo assim, fui educada com os ensinamentos católicos de fazer o bem, servindo a todos a minha volta. Sempre servindo como uma missão divina, atitude que se aprende pela própria religião.

Durante um tratamento dentário com 6 anos, ao observar a alegria, o amor e a dedicação do meu dentista, senti-me inspirada a trabalhar como ele. Desde então, busquei meu sonho de fazer faculdade de Odontologia.

Ao participar de um grupo de jovens da igreja católica, aos 12 anos de idade, percebi em meus amigos problemas maiores do que eu vivenciava em casa. Aprendi que me colocar no lugar do outro é um exercício que nos traz excelentes benefícios. Iniciei um processo para entender cada uma das pessoas do meu convívio, inclusive meu pai, minha mãe e minha irmã. Compreender a causa de suas atitudes me ajudou a agir com eles de forma mais humana, sem tantos julgamentos.

Entendi que pais e mães não são super-heróis, não possuem superpoderes, eles têm dúvidas em relação às suas atitudes, têm dor, sofrem, arrependem-se e, às vezes, sentem-se fracos diante dos obstáculos da vida. Às vezes acertam, às vezes erram, às vezes percebem os erros e conseguem corrigi-los, mas em muitas situações, não. A vida deles é uma verdadeira corrida contra o tempo, principalmente quando ficam mais velhos e os filhos ficam adultos. Entender as fraquezas deles me fez estabelecer um vínculo maior de amor e respeito com eles. Existem pessoas que passam pela vida e não conseguem em tempo perceber e sentir isso, mas nunca é tarde para aprender.

Consegui fazer o curso de Odontologia na Unesp, em Araraquara. Em seguida, realizei o curso de especialização em Periodontia. Casei-me, e eu e meu marido fizemos a escolha de morar em São Paulo, devido a melhores oportunidades de emprego. Viver longe dos meus pais me fez entender o quanto era importante o convívio, o carinho e o amor, como eu era grata a tudo que recebi a partir do esforço deles. Eu os visitava, em média, uma vez por mês, chegava morrendo de saudades e eles me esperavam ansiosos pelas novidades que eu sempre levava. Iniciar a vida profissional em uma cidade grande não é fácil, a insegurança e o medo são constantes, mas descobrimos nossa força e a vontade de vencer, aprendemos todos os dias com cada experiência vivida.

Trabalhava em um consultório e em um posto de saúde, na periferia. Não importava o lugar, escolhia sempre praticar a arte através do amor ao próximo. Sempre soube que ao amar o que se faz, nos sentimos felizes e o dinheiro é consequência dos nossos atos. Foi nesse momento que meu pai, com 58 anos, infartou e partiu. Fiquei em choque, repensei sobre a vida, se estar longe deles realmente teria sido a melhor escolha. Em uma conversa com um amigo dele, pude ouvir que pais criam filhos para o mundo, que esperam que sejamos pessoas de bem, que possamos ir em busca dos nossos sonhos, que meu pai tinha muito orgulho de mim. Suas palavras acalmaram meu coração.

Realizei alguns tratamentos e tive uma perda até realizar o sonho de ser mãe. Confiava e sabia que Deus me reservava o melhor. Através dessa experiência, valorizei muito mais esse momento. Foi uma explosão de amor, a emoção de poder vivenciar o milagre da vida. A partir de duas células, a criação de outro ser tão perfeito. Foi o momento que mais me aproximei de Deus. Consegui entender melhor minha mãe, através do amor incondicional que sentimos por um filho, pois é maior que tudo. É difícil descrever, só conseguimos sentir. Criar filhos, como tudo que fazemos, é por tentativa de acertos e erros, mas os exemplos que os pais nos deixam através de suas atitudes são infalíveis. Carregamos como lembranças em nossas memórias, jamais se apagam. Quando o tempo passa, nos vemos fazendo as mesmas coisas com nossos filhos e lembramos os momentos que os julgamos. Como é importante vivenciarmos tudo como eles para entendermos, de fato, como é difícil viver e criar os filhos.

A vida é passageira, fazemos nossas escolhas, precisamos ser felizes. Quando algo nos incomoda e deixamos de admirar nossos parceiros, por mais difícil que seja, precisamos resolver e darmos uma oportunidade para nós e para eles. Se descobrimos que o amor acabou, precisamos agir. Novamente fiz um exame de consciência e pude me ver através da minha mãe, repetindo atitudes, escolhas e decisões. Após a constatação da falta de amor no casamento, pedi a separação. Nos caminhos da vida, encontrei um novo amor e casei-me novamente. Como dentista, segui buscando conhecimento e evolução profissional, minha realização vem da arte do sorriso e da harmonização orofacial. Devolver a autoestima a cada pessoa que passa por minhas mãos me faz muito feliz.

Amo a Odontologia, mas, principalmente, amo as pessoas, pois através delas me realizo e cumpro o meu propósito, afinal, todos nós podemos amar e servir em tudo o que fazemos. A minha realização acontece através da família, de amigos, colegas, pacientes, alunos e todas as pessoas que cruzam o meu caminho. Essa troca maravilhosa que realizamos, em que sempre aprendemos uns com os outros e percebemos que a união de forças torna a vida mais leve e mais feliz. Sinto Deus me guiando em cada detalhe, para que eu cumpra a minha missão da melhor maneira possível.

Durante toda minha vida, falei para as pessoas que alguns filhos vêm ao mundo tendo como umas das missões cuidar dos pais na velhice, sem saber que falava de mim mesma. Nos últimos cinco anos, tive o privilégio de cuidar da minha mãe com Alzheimer. Ela concordou em vir para minha casa e ficar sob os meus cuidados, sendo assim, pude retribuir um pouco do muito que recebi. Sozinha não teria conseguido, contei com a ajuda de todos à minha volta. Vivenciamos a insegurança dos cuidados com um idoso e a preocupação constante para fazer o melhor.

Em um momento de reflexão, após o falecimento da minha mãe, concluí que a própria passagem do tempo nos mostra que a vida é finita. As pessoas que amamos cumprem suas missões e partem, nós também partiremos. Percebi que é tempo de me amar, voltar a atenção para mim mesma. Viver um momento de autoconhecimento, autocuidado, cuidar da minha criança interior. Olhar no espelho e ver o que tenho dentro da minha alma, perceber que gosto da pessoa que me tornei após superar tantos obstáculos. Chegou o momento de atenção para minha vida pessoal e profissional.

Vejo hoje uma grande transformação na minha vida, minha imagem reconhecida e valorizada. Todos elogiam a minha aparência, minha postura e a minha luz, pois sou o reflexo do imenso amor que tenho dentro de mim. Sei que a melhor maneira de servir é servir de exemplo, servir a Deus pelo exemplo. Ser mentora pela atitude, como um mestre. Paralelamente, conquistei recentemente o título de mestra na minha profissão.

Com a maturidade, descobrimos a missão divina do amor-próprio, que é o alicerce de todas as formas de amor. Ao nutrir nossa essência com carinho e respeito, capacitamo-nos a irradiar um amor genuíno para com os outros. Assim, cada ato de serviço, cada gesto de compaixão torna-se uma extensão natural do amor que cultivamos dentro de nós. Que possamos, através do exemplo, inspirar e encorajar outros a trilharem o caminho do amor-próprio e do serviço, construindo juntos um mundo onde o amor seja a força motriz de todas as nossas ações e relações.

"O amor-próprio é o alicerce de todas as formas de amar. A partir dele, conseguimos verdadeiramente servir."

TÂNIA SIQUEIRA

Tati Amorim

Meu nome é Tatiane Amorim. Sou uma mulher determinada, espiritualizada e apaixonada pela vida, pelo meu filho Lucca (23 anos) e por todos os meus projetos. Sou filha da Clarinda e do Gerson, um pai sem rosto, que foi perdoado e ressignificado. Sou neta da Helena e do Antonio, que me amaram incondicionalmente. Sou irmã, tia, cunhada, sobrinha, prima, sogra. Além da família de amigos que Deus me deu.

Sou mentora e terapeuta sistêmica, especialista em Governança Corporativa, secretária executiva, palestrante, além de possuir MBA em Gestão Empresarial e curso de Docência para Ensino Superior. Atualmente, estou me reconectando com a ancestralidade indígena, através do curso de xamanismo. E, a partir de agora, com muito amor, também escritora!

Sou colecionadora de vitórias!

tatiamorim.oficial

eu.tatiamor@gmail.com

29 O DESPERTAR DA VIDA EM CURA

Por Tati Amorim

Era uma tarde fria quando recebi uma notícia que me fez perder o chão: eu iria ser internada novamente. Mas como aquilo poderia estar acontecendo, se em poucos dias eu receberia meu certificado de terapeuta sistêmica? A verdade é que eu já estava exausta daquele processo dos últimos dois anos, em que minha rotina se resumia a idas e vindas em hospitais e tratamentos médicos, devido a problemas de saúde física. E mesmo com tudo isso, eu tinha conseguido terminar este curso, algo que parecia impossível, mesmo sendo um curso *on-line*, dadas as minhas limitações.

Naquele instante, percebi que a luz do sol brilhava lá fora e isso aqueceu meu coração. Então, tomada por uma força e inspiração divinas, ergui minha cabeça, enxuguei minhas lágrimas e resolvi fazer algo inesperado: ir negociar a minha vida com a morte. Em outras palavras: conversar com os médicos a possibilidade de postergar a minha internação para depois da entrega do certificado, para que assim eu conseguisse celebrar aquela vitória. E foi o que fiz. O não eu já tinha, então, fui atrás do sim. E eu mal sabia que ali era o início do fim.

Surpreendentemente, houve até uma comoção por parte da equipe médica, que concordou com a minha sugestão. Eu tinha acabado de conquistar o meu sim. Comemorei e muito! Passada aquela adrenalina, aquele deslumbramento, começou a pesar em mim toda aquela responsabilidade sobre minha saúde, pois, devido ao estado fragilizado da minha imunidade, qualquer tipo de vírus poderia ser fatal para mim, o que tinha me levado a viver em isolamento quase total em casa. Mediante isso, foram feitas algumas orientações médicas: uso de máscara, álcool gel e evitar contato físico.

Então, comecei a me questionar se aquela seria realmente uma boa ideia. O que iria adiantar viver aquilo tudo se eu pudesse morrer em seguida? Ainda em diálogo comigo mesma, descobri que sim, eu poderia "bancar" a minha escolha. Então, pronto: já estava feito. Intencionei, orei a Deus e confiei: eu iria colocar o pé e Ele, o chão. Ia dar certo! Partindo do princípio de que eu já iria passar por aquela internação de qualquer jeito, então por que focar a morte e não a vida?

E o grande dia chegou! Eu estava lá, toda vestida de cor de rosa, minha cor preferida que, naquele momento, me trazia uma nova energia de força e confiança, ao mostrar ao mundo quem eu tinha nascido para ser. Era meu momento de brilhar (o que meu tênis *pink* com brilho me ajudou muito). Confesso que após tanto tempo usando camisolas e pijamas como se fossem uniformes, foi um desafio enorme conseguir me vestir assim, pois nem meu corpo, nem minha aparência, nem meu cabelo eram mais os mesmos e, em vez de ficar triste com aquilo, me acolhi e me permiti sentir como uma rainha ali, pronta para a vida!

A cerimônia foi linda, simples e inesquecível. Na ocasião, tive a honra de uma única amiga me acompanhar, representando ali todos que estavam ao meu lado. As entregas dos certificados ocorreram em ordem alfabética e, mesmo sendo um grupo pequeno (o qual eu havia acabado de conhecer pessoalmente), até chegar no meu nome, meu rosto já estava inchado, pois não contive o choro de alegria. E quando enfim chegou a minha vez, a emoção tomou conta de todos e a salva de palmas tocou a minha alma.

E o inevitável aconteceu: abracei e fui abraçada, sem máscara. Tinha quebrado o protocolo médico sem nem perceber, no calor do momento, sem intenção. Eu não tinha noção de como eu precisava daqueles abraços. Aquele momento ficou eternizado em meu coração. Dá para imaginar a sensação de ter a liberdade de sentir o pulsar da vida através de dois corações que batem juntos na sintonia do mesmo abraço? Eu me sentia preenchida, nutrida de amor, de calor humano, da força do feminino, afinal, cada uma de nós ali era o sonho de cada uma de nossas antepassadas. Nós tínhamos a força para o nosso destino.

Aquele calor humano foi realmente revigorante. Mas tudo aquilo já era parte do fim. Não do desafio da minha saúde, mas da forma com a qual eu lidaria com o que viria pela frente: segui os próximos quase trinta dias internada em uma semi-UTI, lutando literalmente pela minha vida, não por ter sido infectada por algum vírus no evento, mas porque simplesmente a morte veio me cobrar através de complicações que foram aparecendo no decorrer da internação. Cheguei a ter mais de uma EQM (Experiência de Quase Morte) nesse período. Apesar de ter sido uma das internações mais sofridas que tive, consegui ter alta e retornar para casa.

Todavia, não saí de lá curada das doenças físicas que eu enfrentava, ao contrário, saí muito debilitada. Porém, o que antes era um *case* não resolvido para os médicos, pois mesmo com tanto tempo de investigações o diagnóstico da doença primária que causou tantas doenças secundárias não tinha sido descoberto, hoje passou a ser um *case* de sucesso, pois, mesmo sem tal diagnóstico, estou me reerguendo e me recuperando aos poucos.

E o que aconteceu, então? Realmente ali foi o fim: precisou morrer aquela versão da Tati que esperava pela cura da carne, para só então voltar a viver e ser feliz, para que a nova versão da Tati despertasse para uma nova compreensão da vida e percebesse que, na verdade, ela sempre esteve viva em todo aquele tempo. Era questão apenas de integrar todas estas versões da Tati em mim mesma, a transformação e o amadurecimento que toda essa experiência tinha me proporcionado. Ali, eu aceitava e me apropriava de quem eu era. Aceitava que eu tinha sim algumas enfermidades, mas não era mais aquilo que me definia.

A aceitação gasta menos energia do que se você viver em dúvida ou com a exclusão de algo, como a enfermidade. Aceitar é diferente de entregar os pontos, pelo contrário: você reconhece sua condição e fragilidades, deixando assim o medo e o vitimismo morrerem, para o bom ânimo e coragem nascerem. Assim, passa-se a olhar a mesma situação de maneira diferente, como o significado da palavra sucesso, que passou a ser outro para mim, como em reconhecer a dádiva de amanhecer viva, seja lá como eu tenha passado pela noite, por exemplo. E assim a gratidão surge, pois eu conseguia ser grata a Deus e me amar, mesmo nos piores dias de dor da(s) doença(s)! Eu era o amor da minha vida: na alegria e na tristeza, na saúde e na doença.

A enfermidade é um desafio que mexe com todos os campos das nossas vidas, balança nossos alicerces e respinga muito nas pessoas que estão ao nosso redor. Tive o privilégio de ter o suporte de uma rede de apoio enorme, desde todos os profissionais (todos, sem exceção, desde meus médicos, mentores, terapeutas, até os das áreas administrativas e da limpeza) até amigos e familiares, de perto ou de longe, sendo do grupo Cuidadoras Divas ou não. Recebi tanta oração, rezas e energia, que ultrapassaram qualquer barreira imposta por alguma religião. Ali era somente a fé e o amor que nos unia.

Sou tão grata a Deus por tudo, inclusive pela vida de cada um que me ajudou, que eu não poderia deixar esta vida sem viver todo este amor que está estocado nos celeiros da minha alma. E estou vivendo, dia a dia, com muita intensidade, dentro do que é possível. Esta minha nova versão é muito melhor que a outra de antes de tudo isso acontecer. Fácil não foi, foi quase impossível passar por tudo isso, e por várias vezes pensei que seria o fim. E foi mesmo. Mas de uma maneira que eu não esperava: foi e está sendo muito melhor!

Claro que respeito o processo e a história de vida de cada um, e nestas linhas apenas compartilhei uma pequena parte da minha jornada pessoal de transformação através do autoconhecimento e renascimento, pois tenho plena consciência de que ganhei novas chances de vida dentro desta minha jornada. E para cada um é de uma maneira. Pela minha vivência, cheguei à conclusão de que é possível passar por qualquer tipo de enfermidade sem se adoecer ainda mais. Oremos, mas também vigiemos nossos pensamentos, nossas ações. Façamos nossa parte que Deus faz a Dele sempre. Dentro de um quadro sem uma cura física definitiva, era e é possível viver da melhor forma, através da nossa cura emocional, mental e espiritual.

Fico muito feliz em partilhar que, até o presente momento, esta foi a minha última internação. Venho seguindo de passinho em passinho a minha reabilitação e sinto-me florescer a cada dia. Recentemente, consegui voltar para uma das minhas atividades profissionais, a qual também sou muito grata por todo apoio que recebi por parte da empresa durante todo este processo e agora meu retorno. Em breve, já estarei ativa em todas as minhas demais atividades; inclusive, a partir de agora tenho mais uma, não é mesmo? Também sou escritora!

Além disso, mesmo com estas minhas questões de saúde e meu histórico de dois divórcios traumáticos, até me abri à possibilidade de um novo relacionamento amoroso, vocês acreditam? Já me machuquei, mas me reergui. Existem alguns amores na vida e outro para a vida. E eu estou em busca dele. Ele vai chegar e fazer morada no meu coração. Mesmo com as minhas limitações, nunca havia me sentido tão completa, tão dona de mim mesma. Não preciso, mas quero viver um novo amor recíproco com alguém merecedor deste amor e que possamos partilhar nossas experiências de vida juntos.

No fim das contas, nunca foi como “sobreviver”, mas sim sobre viver! Foi preciso me desapegar da dor, inclusive deixar sentimentos e pessoas irem, para dar espaço para um novo tipo de amor chegar e ficar.

Agora é com você: quanto tempo você ainda precisa para se amar?

Conte comigo! E o mais importante: conte com você mesmo!

O Tempo de se amar é agora!

"O que você precisa deixar morrer para algo novo, como o amor, viver?"

TATI AMORIM

Tayame Nascimento

Paraibana, graduada em Design, atuei nove anos na área. Terapeuta há sete anos, formada pelo Institute ThINK®, conduzo mulheres a conquistarem seus objetivos de vida através do autoconhecimento. Mentora desde 2019, com mais de três mil atendimentos realizados em todas as regiões do Brasil e em outros três países.

Considero-me a alma disruptiva da família, aquela que resolveu ir contra o senso comum por desejar ardentemente uma vida diferente. Aos 24, fui morar sozinha, aos 30 pedi demissão de um cargo público para empreender no digital; aos 31, estou começando viver os sonhos que um dia foram semeados em um solo de muita coragem e cura interna.

Minha missão na Terra é ajudar outras mulheres a serem almas disruptivas e viverem os sonhos do seu coração. Vem comigo?

tayamenascimento

+55 (83) 98710-4476

30 DEIXE O MEDO LÁ FORA

Por Tayame Nascimento

Quando eu tinha 6 anos, lembro-me de uma noite em que estava deitada na rede, em um quarto que dividia com minha mãe, dois irmãos e um primo. Estava prestes a dormir quando, de repente, ouvi alguém bater na velha porta de madeira.Assustada, pergunto: "Quem é?". Do lado de fora, a voz abafada responde: "É o lobo mau!".

Meu coração quase saiu pela boca naquele segundo, recordo-me claramente de ter começado a chorar chamando por minha mãe. No fim das contas, o "lobo mau" era minha irmã mais velha querendo me pregar uma peça. Foi a primeira vez que senti medo com todas as partes do meu corpo, mas, definitivamente, não foi a última.

As linhas que se sucederão servirão para compartilhar com você como o medo se desenvolve em nossas vidas desde muito cedo e o quanto, sem perceber, somos controladas por ele. Aos poucos, vamos deixando de sonhar, de avançar, de amar, de nos permitir saborear a vida porque todas as nossas travas têm raízes no medo. Eu espero que ao final deste capítulo, você tenha informações suficientes para extrair a coragem que há dentro de você e ir em busca daquilo que pulsa em sua alma.

Há quem diga que o medo é instinto de sobrevivência, outros dizem que ele é mecanismo de controle daqueles que querem exercer poder sobre nós. Na minha trajetória, o medo sempre foi algo que me paralisou, os meus sonhos mais ousados eram sempre interrompidos por algum medo. Claro que eu não percebia isso enquanto estava vivendo aquelas limitações e foi preciso muitos anos de autoconhecimento até eu entender que nada de grandioso aconteceria em minha vida se eu não olhasse para os meus medos e aprendesse a lidar com eles.

Costumo dizer que o medo vem de berço, nascemos em um susto! Saímos daquele lugar quentinho que é a barriga da nossa mãe e logo cortam nosso cordão umbilical, nos sacodem para respirarmos, muitas luzes atravessam nossos olhos e, de repente, o aconchego se torna o caos. Nascer é o primeiro susto que experimentamos na vida e talvez nunca tenhamos superado isso, porque até hoje o caos nos assusta.

Enquanto vamos crescendo, todo o nosso condicionamento é baseado no medo. É incomum pais que dizem: "Vai, filha, pode pular bem alto!". É mais comum ouvir: "Desce daí, menina, você vai cair!".

Convido você a refletir: Quantas vezes, em sua infância, seus pais ou cuidadores tentaram te conter usando o medo como uma ferramenta para isso?

Temos medo dos erros, temos medo das quedas, temos medo das reprovações, temos medo dos julgamentos, e isso se torna tão comum que passamos a viver com o medo à espreita, como se a qualquer momento ele fosse nos engolir.

A primeira vez que descobri que tinha medo de ser amada foi como perder o chão. Eu estava com 27 anos, vinha de relacionamentos amorosos desequilibrados, em que as coisas sempre desandavam: ou eu rejeitava ou era rejeitada. Naquele tempo, tudo que eu mais desejava, racionalmente, era ser amada. Estávamos na pandemia e eu conheci um rapaz chamado Carlos*. Ele era incrível, passávamos o dia inteiro conversando e falávamos sobre tudo, desde as coisas mais banais até os assuntos mais profundos. Ele me fazia rir e estar com ele era como sentir, finalmente, aquela sensação de "acho que encontrei alguém especial".

A intensidade das conversas foi aumentando, a intimidade também e aos poucos fui percebendo um sentimento de apavoramento tomar conta de mim. Eu podia perceber meu instinto pedindo desesperadamente para que eu me afastasse, tirasse ele da minha vida e esquecesse aquela história. Então, comecei a enumerar todos os defeitos que ele tinha, na tentativa de justificar a mim mesma o afastamento. Nessa época, eu já era terapeuta e conseguia me observar com um olhar mais consciente.

Passei dias refletindo: como algo que um dia eu desejei com todas as minhas forças me apavorou tanto a ponto de ativar meu instinto de fuga? A resposta para essa pergunta veio como fichas de cassino caindo em minha mente, como se tivesse ganhado algum prêmio pela descoberta e, em uma consciência súbita, pensei: "Eu estou com medo de ser amada".

É bem óbvio por que eu estava.

Nunca me senti amada pelo meu pai, o primeiro homem da minha vida (o que não significa que ele não tenha me amado). Os meus primeiros relacionamentos foram com homens extremamente ciumentos e que faziam eu me sentir insuficiente. A minha mente e o meu corpo, naquele momento, não sabiam lidar com a enxurrada de amor que o Carlos* estava me dando, porque, para mim, era mais comum a dor, o conflito, a rejeição e o medo.

Queria dizer que essa foi uma história romântica com final feliz, mas não foi. Eu realmente tirei o Carlos da minha vida, mas dessa vez foi diferente das outras, sabendo exatamente o que aquela decisão representava para mim. O único aprendizado extraído dessa situação foi: toda vez que paralisamos porque deixamos o medo tomar conta de nós, perdemos uma parte do futuro e nunca saberemos como poderia ter sido.

Tomar a postura de me tornar observadora de mim mesma fez com que eu entendesse o medo por outra perspectiva. Entender o medo por outra perspectiva me permitiu nomeá-lo, e nomeando o medo eu consigo então vencê-lo.

Se você prestar bastante atenção aos ensinamentos que vou compartilhar agora, poderá acessar uma ferramenta comportamental capaz de diminuir a intensidade dos seus medos e ampliar a voz da sua coragem. Esse mecanismo permitiu que eu diminuísse a intensidade dos meus medos e pudesse agir apesar deles.

Primeiro, preciso te inteirar de um conceito importante, ele vai te ajudar a identificar com mais precisão qual medo é real e qual é ilusório. São os conceitos de Verdade Absoluta e Crença. Esses conceitos foram criados por Platão e fazem menção a informações universais que são incontestáveis e outras que são contestáveis.

Uma verdade absoluta é uma informação imutável, ela é independente do indivíduo que a esteja observando. Uma crença muda de acordo com a perspectiva e experiência de cada pessoa. O que é para um pode não ser para outros. Por exemplo: quando eu digo que toda planta tem raiz, essa é uma verdade absoluta. Independentemente de quem seja o observador dessa informação, quer seja eu, você, seus pais, seus amigos… ao olharmos para as plantas, iremos concordar que todas elas têm raiz.

Já quando digo: "eu sou insuficiente", podemos perceber que isso não é uma verdade absoluta, porque essa informação pode mudar a depender do observador. Posso ser insuficiente para o meu chefe, mas suficiente para os meus amigos. Posso ser insuficiente para meu marido, mas suficiente para meus filhos. Posso me ver como insuficiente no meu trabalho, mas meus clientes me acharem suficiente para ajudá-los.

Se há a possibilidade daquela informação mudar a depender do indivíduo, então temos aí uma crença. E crenças precisam ser reconfiguradas para que nos favoreçam, em vez de nos atrapalhar. Dito isto, vamos avançar para entender quando seus medos são reais ou ilusórios.

Da próxima vez em que se deparar com uma situação, alguém ou algo que te provoque medo, você vai se perguntar: "Do que eu tenho medo?". Não deverá ter pressa para acessar essa resposta, mas, se ela vier, você poderá avançar para o próximo passo. "Esse medo é uma crença ou é uma verdade absoluta?".

Por exemplo: se você precisa colocar a mão no fogo, mas tem medo de se queimar. Esse medo é uma crença ou uma verdade? Sabemos que em 100% dos casos em que alguém precisar tocar o fogo, essa pessoa irá se queimar. Logo, seu medo é uma verdade absoluta, portanto, real. Por outro lado, você está há meses tentando avançar com um projeto, mas sempre paralisa, por algum motivo. Pergunte-se: "Do que tenho medo?". Talvez seja medo do julgamento. Em seguida, pense: "Esse medo é uma crença ou uma verdade? Se eu avançar com esse projeto, todas as pessoas do mundo vão me julgar ou será que apenas algumas podem me julgar e outras se beneficiar, admirar e elogiar?" Se a resposta muda a depender do indivíduo, é uma crença. Logo, seu medo é ilusório.

Entendendo essa diferença você já terá vencido metade do caminho na guerra contra o medo.

Medos reais pedem soluções práticas.

Medos ilusórios pedem soluções subjetivas.

Medos reais precisam de ações tangíveis: aulas, cursos, conhecimento.

Medos ilusórios precisam de ações intangíveis: terapia, ferramentas emocionais, autoconhecimento.

Entenda, esse medo que te atrasa, paralisa, angustia e faz abandonar seus sonhos vai te fazer acreditar que ele é real, mas, às vezes, ele será tão ilusório quanto aquele "lobo mau" na porta do meu quarto. Se você puder fazer só um movimento, gastar toda sua vida em apenas uma única coisa, escolha trabalhar seus medos. Tenho certeza de que valerá pelos seus esforços de uma vida inteira.

Da próxima vez que o medo estiver à espreita, eu aconselho que o deixe lá fora. Só assim será possível acessar a coragem que vem de dentro da alma.

Se você deseja me ter como sua terapeuta para te conduzir, enquanto você atravessa a ponte do medo rumo à conquista dos seus sonhos mais profundos e corajosos, mande uma mensagem para mim, será uma honra ter você no meu clã.

(*Carlos é um nome fictício usado para preservar a identidade da pessoa envolvida na história.)

"Toda vez que paralisamos por deixarmos o medo tomar conta de nós, perdemos uma parte do futuro e nunca saberemos como poderia ter sido."

TAYAME NASCIMENTO